CHRISTLICHER GLAUBE
IN DER JOHANNEISCHEN THEOLOGIE

Das Nikodemus-Gespräch

© 2019: Dr. Elke Eberts. Alle Rechte sind vorbehalten. Zur Nutzung für den privaten Einzelgebrauch ist nichts einzuwenden. Darüber hinaus gehende Weiterverwendung und Reproduktion sind nur auszugsweise und mit Quellenangabe gestattet.

Herstellung und Verlag: BoD - Books on Demand, Norderstedt.

ISBN-13: 978-3735788252

CHRISTLICHER GLAUBE
IN DER JOHANNEISCHEN THEOLOGIE

Das Nikodemus-Gespräch

Persönliche Widmung

Glaubst Du an Gott? Woher weißt Du, dass Gott präsent bei Dir ist? Dass er Dich trägt, wenn es schwierig ist? Die wundersamen Fügungen in den Lebenswegen des Menschen, die man überall wahrnehmen kann, wenn man nur hinschaut, sind für mich ein wundervoller Gottesbeweis. Die vielen kleinen Zeichen auf dem Weg, die sich nicht als Zufall abtun lassen wollen.

So sehr der Mensch auch nach Unabhängigkeit strebt – er ist stets eingebunden in die Gedanken, Worte und Taten seiner Mitmenschen und vorangegangener Generationen. Vieles liegt in der Welt im Argen und angesichts der Größe der notwendigen Veränderungen mag man leicht resignieren. Doch jede Tat, jedes gute Wort, jede gute Haltung zueinander, und sei sie auch noch so klein und scheinbar unbedeutend, macht einen Unterschied in der Welt. Was sich in Liebe auflösen kann, kann in der Welt heilen – bei sich, im Umfeld und bei den nächsten Generationen. Das gibt jedem Leben einen unermesslichen Sinn. Und es ist eine großartige Hoffnung.

Hier kommt nun auch gute Fügung ins Spiel. Dass ich zur Theologie und zur intensiven Auseinandersetzung mit dem dabei für mich so erkenntnisreichen und berührenden Nikodemus-Gespräch gekommen bin, ist einer Kette von vermeintlichen Zufällen über mein Leben hinweg zu verdanken. Der Bibeltext hat mich in seinen Bann gezogen, mich gefordert, nicht mehr losgelassen und mich so auf eine höhere Reflexionsebene gebracht. Die Veröffentlichung in diesem Moment folgt einem Impuls. Mir geht es darum, gute Gedanken und Impulse weiter auszusenden, damit sie einem Menschen „zufallen", bei dem sie weiter Frucht tragen. Der sich dadurch vielleicht ebenso von der Stelle des Johannes-Evangeliums berühren und inspirieren lässt.

Ein reifer Glaube gedeiht gleichermaßen durch Erfahrung, Reflexion und wachsendes Vertrauen in Gott. Und genau diesen spirituellen Erkenntnisweg, der mit Worten und weltlichen Erfahrungen allein so schwer beschreibbar ist, hat die urchristliche Verfasserschaft des Johannes-Evangeliums so ergreifend tief, intellektuell beeindruckend und einfühlsam beschrieben.

Auf meinem persönlichen Lebens- und Glaubensweg bin ich ewig dankbar, von meiner Familie, von meinen Freunden und theologischen Lehrern begleitet zu sein. Ich wünsche Dir als Leser hilfreiche Impulse auch für Deinen eigenen Erkenntnisweg. Dir gilt meine Widmung.

Inhaltsverzeichnis

A. Einleitung 9

B. Hauptteil 11
1. Auslegung des Nikodemus-Gesprächs in Joh 3,1-21 11
   1.1. Die Erkenntnissuche des Nikodemus bei Jesus
        (Verse 1-12) 12
   1.2. Wahre Erkenntnis des Menschensohns (Vers 13) 18
   1.3. Rettung durch den Glauben und Gericht
        (Verse 14-18) 20
   1.4. Endredaktioneller Zusatz (Verse 19-21) 23

2. Johanneische Soteriologie in Joh 3,1-21 25
   2.1. Soteriologie als Ziel – Johannes-Prolog
        als Lesehilfe 25
   2.2. Kontext der Soteriologie – Johanneischer Dualismus
        zur Problembeschreibung 29
   2.3. Glaube als Grundbedingung – Doppelte Sinnebenen
        und johanneische Glaubenstheologie 35
   2.4. Determinierung der Eschatologie – Johanneisches
        radikal präsentisches Gericht 40

3. Brisanz hinter dem Begriff der Neugeburt 42

C. Schlussbetrachtung 47

Literaturverzeichnis 49
Abkürzungsverzeichnis 51
Abbildungsverzeichnis 54
Stichwortverzeichnis 54

A. Einleitung

Das Johannes-Evangelium (Joh) unterscheidet sich in seiner theologischen Betrachtung und Sprache grundlegend von den drei synoptischen Evangelien.[1] Als letztes der vier kanonischen Evangelien erscheint es erst etwa 60 Jahre nach dem Kreuzestod Jesus von Nazareth. Es ist weniger am Nachzeichnen seines irdischen Lebens interessiert als an der Essenz seiner Botschaft. Es will nicht weniger, als die – soteriologische – Bedeutung der Offenbarung Jesus Christus zu verkünden.[2]

Nicht zuletzt durch die Reflexion des Christusglaubens einer johanneischen Schule[3] über eine lange Zeit wirkt das vierte Evangelium chronologisch wie eine Sammlung nicht ganz zusammenpassender Bruchstücke. Auf theologischer Ebene aber ist es besonders. Die in ihm und in den drei Johannes-Briefen niedergelegte urchristliche Theologie macht einen wesentlichen Bestandteil des NT und somit des christlichen Glaubens aus. In Weite und Tiefe und in ihren Bezügen zur altjüdischen Tradition ist die johanneische Theologie einzigartig.[4]

---

1   Vgl. Kügler, Joachim (2016): Johanneische Theologie, Aufbaukurs Theologie, LB 5, Theologie im Fernkurs Domschule Würzburg, S. 3. Theologie meint reflektiertes Nachdenken über den Glauben, wie man von Gott und seiner Offenbarung in Jesus Christus reden kann. Vgl. Ernst, Stephan (2016): Theologie im Mittelalter, Aufbaukurs Theologie, LB 7, Theologie im Fernkurs Domschule Würzburg, S. 3. Das Johannes-Evangelium setzt einen bibelvertrauten Leser und ein hohes Reflexionsniveau voraus. So wird es auch zurückgehend auf Clemens von Alexandrien geistliches Evangelium genannt.

2   Vgl. Dietzfelbinger, Christian (2001): Das Evangelium nach Johannes, Teilband 1: Johannes 1-12, Zürcher Bibelkommentare, Theologischer Verlag, Zürich, S. 9-12.

3   Der „geliebte Jünger" Johannes wird als Traditionsträger und Zeuge für die johanneische Gemeinde angenommen, hat Joh aber nicht selbst verfasst. Der Verfasser war wie Paulus ein großer Theologe der Urchristen. Der johanneische Schülerkreis hat nach dessen Tod das Evangelium um ca. 100 n. Chr. im palästinischen Raum in griechisch herausgegeben. Vgl. a.a.O., S. 17-19. Kügler skizziert ein längeres Entstehungsmodell des überlieferten Endtextes in drei Stufen: Quellen (Weisheitslied, Wundererzählungen, Passionsbericht etc.), Erstfassung, Endredaktion. Vgl. Kügler (2016), Johanneische Theologie, S. 10.

4   Vgl. Rahner, Karl/ Vorgrimler, Herbert (1983): Kleines Theologisches Wörterbuch, Verlag Herder, Freiburg, Basel, Wien 14. Aufl., hier: „Johanneische Theologie", S. 217.

Mit dem Nikodemus-Gespräch in Joh 3,1-21 beginnt im Johannes-Evangelium eine Reihe von Szenen mit großen Christus-Reden[5], in denen Jesus sich offenbart. Johanneische Theologie entfaltet sich hier – von der Gottes- und Menschenlehre über die Christologie bis hin zur Soteriologie und Eschatologie – in ihrer ganzen Komplexität und doch in beeindruckender Kompaktheit.

Damit setzt sich die vorliegende Arbeit auseinander. Zunächst wird in Part 1 des Hauptteils B das Grundverständnis des Textes gelegt. Dann beschäftigt sich Part 2 mit der theologischen Struktur der dargelegten johanneischen Soteriologie. Part 3 beleuchtet auf dieser Basis die theologische Brisanz hinter dem Begriff der Neugeburt. Die Arbeit schließt mit einer Schlussbetrachtung in Teil C.

---

[5] Die johanneische Offenbarungsreden Jesu sind völlig anders als die anschaulichen Jesus-Reden der Synoptiker. Glaubensgespräche mit zum Gotteskind Berufenen kritisieren irrige Standpunkte, damit sich Erkenntnis vertiefen und Verbindung mit Jesus entstehen kann. Jesus löst Prozesse aus, die Gottes Wesen offenbaren. Vgl. Söding, Thomas (2010): Im Anfang war das Wort, Das Johannesevangelium, Skriptum der Vorlesung im Sommersemester 2010, unter: http:// www.kath. ruhr-uni-bo-chum.de/imperia/md/content/nt/nt/aktuellevorlesungen/ vorlesungsskriptedownload/ss2010/skript_johannesevangelium_ss_2010.pdf, zuletzt abgerufen am 28.1.2019, S. 51.

B. Hauptteil

1. Auslegung des Nikodemus-Gesprächs in Joh 3,1-21

Zunächst wird der Text – entlang exegetischer und systematischer Beobachtungen – verortet. Die durchdachte Komposition und Gliederung sowie der textlogische Aufbau des Joh 3,1-21 lassen es sinnvoll erscheinen, die Perikope hierbei in vier Abschnitte zu untergliedern, um die Grunddynamik des Textes nachzuzeichnen.

Mehr als die Hälfte des Textes widmet sich dem eigentlichen Gespräch zwischen Nikodemus und Jesus. Um in die Tiefe zu kommen, besteht der Dialog genau betrachtet aus einem dreifachem Frage- und Antwort-Teil. Nikodemus kommt als Wissender, zeigt sich als Fragender und entpuppt schließlich sein Unwissend-Sein. Bereits die Rahmung des Gesprächs stellt es thematisch als Lehrstück für die radikale Glaubenstheologie der johanneischen Soteriologie heraus. Vers 13 leitet dann zur Reflexion auf die allgemeine soteriologische Ebene über. Auf dieser Ebene präsentiert der johanneischen Jesus in den Versen 14-18 in kerygmatischer Rede den Kern johanneischer Theologie in einer Kette von fünf Logien. Ein endredaktioneller Zusatz schließt Joh 3,1-21 ab.

Im unmittelbaren Gegenüber zu den einzelnen Versen aus Joh 3,1-21 – in den Marginalien am rechten Seitenrand – werden die Geschehnisse sowohl synchron als auch diachron der Metaebene des Textes gegenübergestellt. Hierbei werden das Evangelium als Ganzes und relevante Intertexte mit einbezogen und so die paradigmatische Bedeutung dieser Episode entfaltet.

1.1. Erkenntnissuche des Nikodemus bei Jesus (Verse 1-12)

Auslegung

Joh 2,23-25 leitet mit Hinweis auf die vielen, die in Jerusalem zum Glauben kamen, als sie die Zeichentaten Jesus sahen, zum Nikodemus-Gespräch über. Jesus aber weiß um die Oberflächlichkeit des Glaubens, der allein auf Zeichen gründet.[6] Jesus geht es – anders als dem Volk Israel, das wegen der überlieferten Machttaten Gottes glaubt – um den Grund und die Tiefe eines sich bewährenden Glaubens.[7]

> 1 Es war da einer von den Pharisäern namens Nikodemus, ein führender Mann unter den Juden.

Nikodemus ist einer der durch Jesus Zeichentaten in Jerusalem zum Glauben gekommenen. Als Pharisäer achtet er die göttlichen Gebote und die Überlieferung. Der griechische Name Nikodemus deutet auf eine Herkunft aus der gebildeten Oberschicht hin. Seine Vorstellung als Autorität der Juden weist ihn als schriftgelehrten Thoralehrer und als Mitglied des Hohen Rates aus.[8]

> 2 Der suchte Jesus bei Nacht auf und sagte zu ihm: Rabbi, wir wissen, du bist ein Lehrer, von Gott gekommen; denn niemand kann die Zeichen tun, die du tust, wenn nicht Gott mit ihm ist.

Zu Jesus zu kommen ist ein Schritt Glaubensvertiefung. Die Nacht ist nach dem Talmud eine übliche Zeit, um sich dem Thorastudium zu widmen, der Erkenntnissuche. Sie deutet auch an, dass Nikodemus nicht klarsieht, ungesehen bleiben möchte und ein offenes Bekenntnis zu Jesus scheut.[9] Mit der Anrede als Rabbi erweist er

---

6 Vgl. Wilckens, Ulrich (1998): Das Evangelium nach Johannes, Neues Testament Deutsch 4, Vandenhoeck & Ruprecht, Göttingen, 17. Aufl., S. 64.

7 Vgl. Porsch, Felix (2001): Johannes-Evangelium, Stuttgarter Kleiner Kommentar: NT 4, Verlag Katholisches Bibelwerk, 5. Aufl., S. 36-45; Rahner/ Vorgrimler (1983): Kleines Theologisches Wörterbuch, hier: „Glauben", S. 150. In der Erscheinung vor dem „ungläubigen" Thomas in Joh 20,29 betont Jesus die Seligkeit derer, die glauben ohne Zeichen zu sehen. Die Auferstehung Jesu ist das größte Zeichen Christus: Er ist für Thomas berührbar mit Leib und Seele auferstanden, nicht rein als Geist. Zum Doppelsinn von Zeichen vgl. Abb. 6.

8 Vgl. Gnilka, Joachim (1983): Johannesevangelium, Die neue Echter-Bibel: Kommentar zum Neuen Testament mit d. Einheitsübersetzung, Langfassung 1, Echter Verlag, Würzburg, S. 26.

9 Vgl. Gnilka (1983): Johannesevangelium, S. 26-27; Klaiber, Walter (2017): Das Johannesevangelium 1, Joh 1,1-10,42, Die Botschaft des Neuen Testaments, Vandenhoeck & Ruprecht, Göttingen, S. 84-85. Nikodemus ist eine interessante Figur. Die Nacht, das Zwielicht, ist sein johanneisches Attribut: Zwei weitere Male tritt er nachts auf: Als wegen Jesus Unruhe entstand, setzt er sich dafür ein, Jesus anzuhören (Joh 7,40-52). Nach der Kreuzigung bringt er

Jesus daher im Verborgenen die Ehre – als ein von Gott gekommener ihm überlegener Lehrer. Die Zeichen, die Jesus tut, könne nur jemand tun, mit dem Gott ist. Mit „wir" weist er sich als Sprecher einer Gruppe von Juden aus, die die Verkündigung Jesu verstehen wollen.

Jesus beginnt unmittelbar, ohne auf die Aussagen Nikodemus einzugehen, ein Lehrgespräch über die soteriologische Frage, wie ein Mensch in das Reich Gottes gelangen kann. Sein Zeugnis göttlicher Offenbarung betonend, leitet er seine Lehre mit einem doppelten Amen und der Bekräftigungsformel „Ich sage dir" ein: Der Mensch muss *anôthen* (von oben, neu/ wieder), d. h. aus Gott, geboren werden.[10]

Nikodemus versteht den tieferen Sinn der Worte nicht und nimmt die Neugeburt als neue leibliche Geburt wörtlich. Eine solche widerspricht dem unumkehrbaren Lauf des biologischen Lebens von der Zeugung bis zum Tod. Weil sich ihm der Sinn nicht erschließt, zieht Nikodemus das Bild-Wort Jesus ins Ironische. So wird angedeutet: Nikodemus hat Zweifel, ob ein radikaler Neuanfang überhaupt möglich ist. Die Tiefendimension der Worte ist ihm verschlossen.[11]

3 Jesus antwortete ihm: Amen, amen, ich sage dir: Wenn jemand nicht von oben geboren wird, kann er das Reich Gottes nicht sehen.

4 Nikodemus entgegnete ihm: Wie kann ein Mensch, der schon alt ist, geboren werden? Kann er etwa in den Schoß seiner Mutter zurückkehren und noch einmal geboren werden?

---

kiloweise Myrrhe und Aloe zur Salbung und Bestattung des Leichnams mit Joseph von Arimathäa (Joh 19,39). Ob sich darin reifender Glaube zeigt, bleibt offen. Söding nimmt an, dass die Offenbarung wirkt und Jesus die Zeit gewährt. Vgl. Söding, (2010): Im Anfang war das Wort, S. 52. Auch im dreimaligen Auftritt wird ein Hinweis auf seine spätere Mitgliedschaft in der urchristlichen Gemeinde gesehen. Vgl. Schnackenburg, Rudolf (1979): Das Johannesevangelium, 1. Teil, Kapitel 1-4, Herders Theologischer Kommentar zum Neuen Testament, 4. Aufl., S. 379. Ein historischer Kern der Szene ist möglich, zumal der römische Geschichtsschreiber Flavius Josephus einen zum Christentum bekehrten Nikodemus kennt. Vgl. Schäfer, Joachim (2019): Nikodemus, in: Ökumenisches Heiligenlexikon, unter: https://www.heiligenlexikon.de/BiographienN/Nikodemus.html, zuletzt abgerufen am 28.1.2019.

10 Vgl. Porsch (2001): Johannes-Evangelium, S. 36; Wilckens (1998): Das Evangelium nach Johannes, S. 65. Joh 6,26 zeigt, dass es dem suchenden Menschen nicht um Zeichen an sich geht, sondern um sein Heil. Hier wird Heil mit Reich Gottes bezeichnet; später mit ewigem Leben. In Mt 18,3 ist das Jesus-Wort überliefert: „Amen, ich sage euch, wenn ihr nicht... wie die Kinder werdet [die sich alles Nötige schenken lassen], werdet ihr nicht ins Himmelreich hineinkommen." Hier ist beides zusammen zu hören: „neu" beginnen und sich neues Leben „von oben" schenken lassen. Vgl. Klaiber (2017): Das Johannesevangelium 1, S. 85.

11 Vgl. Klaiber (2017): Das Johannesevangelium 1, S. 86. Die Frage des

> Jesus antwortete: Amen, amen, ich sage dir: Wenn jemand nicht aus dem Wasser und dem Geist geboren wird, kann er nicht in das Reich Gottes kommen.

In der zweiten Antwort mit gleicher Einleitungsformel präzisiert Jesus das von Nikodemus Missverstandene. Die Neugeburt formuliert er nun als eine Geburt aus Wasser und Geist. Statt „das Reich Gottes... sehen" heißt es nun vertiefend „in das Reich Gottes kommen".[12]

> Was aus dem Fleisch geboren ist, das ist Fleisch; was aber aus dem Geist geboren ist, das ist Geist.

Jesus stellt dem Geist antithetisch das Fleisch gegenüber. Das menschliche Sein in seiner Schwachheit und zeitlichen Vergänglichkeit, das den Gesetzen der materiell-irdischen Existenz unterworfen ist. Wer selbstbezogen ganz im Fleisch verharrt, kann die Ebene des Geistlich-Überirdischen nicht verstehen. Wer aber sein Leben aus dem Geist lebt, der verlässt sich auf Gottes Gegenwart. Wer die Gemeinschaft mit Gott sucht, muss sich gestalten, sein Leben neugestalten lassen.[13]

> Wundere dich nicht, dass ich dir sagte: Ihr müsst *von oben* geboren werden.

Das ist ein radikaler Neuanfang, der alles menschliches Können übersteigt. Dass ein neues Leben im Menschen beginnen kann, ist Geschenk Gottes und Wunder im Dasein. Mit diesem soll der Mensch rechnen und sich so für den Geist öffnen.[14]

Nikodemus ist nicht dumm, sondern drückt die Unfähigkeit aus, Dinge außerhalb seines Erfahrungshorizontes zu begreifen. Was ihm zum Sprung in den Glauben fehlt, ist das Vertrauen ganz auf Jesus zu setzen.

12 Vgl. a.a.O., S. 86. In der johanneischen Theologie ist „Wasser und Geist" ein Hendiadyoin für „Geist" aus zwei semantisch ungleichwertigen Ausdrücken: Wasser symbolisiert Geist. In Joh 7,38-39 wird Geist mit Strömen von lebendigem Wasser gleichgesetzt, die Jesus in seiner Verherrlichung ausgießt. Wasser ist äußeres Symbol der Reinigung. Aus sich selbst geht von ihm keine erneuernde Gegenwart Gottes aus. Vgl. Klaiber (2017): Das Johannesevangelium 1, S. 87.

13 Vgl. Klaiber (2017): Das Johannesevangelium 1, S. 87. Jesu ist nur zu verstehen, wenn man die Geburt „von oben" erfahren hat und die Worte nicht mehr „von unten" beurteilt. So ist greifbar, dass Erkenntnis nur durch Wirken des Geistes, Gottes schöpferischer Kraft, erlangt werden kann. Vgl. Wilckens (1998): Das Evangelium nach Johannes, S. 67.

14 Vgl. a.a.O., S. 67. Der in sich selbst verhaftete Mensch ist unfähig für die Gemeinschaft mit Gott, und bedarf eines neuen Lebens, das seinen Ursprung in Gott hat und sucht. Paulus bemerkt: Es gibt die Menschen, die von Gott nichts vernehmen und jene, denen durch den Geist Gottes solche Erkenntnis geschenkt ist. Vgl. 1 Kor 2,12.

Pneuma steht im Griechischen für Wind und Geist. Die Wind-Metapher war schon im AT – wie in Koh 11,5 – ein Bild für das, was der Mensch nicht sehen, begreifen und kontrollieren kann, was aber bis in seinen Wirkungen hinein real hör- und spürbar ist. Genauso unergründlich ist das Wehen des Geistes, das zur Neugeburt aus dem Geist führt. Es geht um die existenzielle Verwandlung. Diese ist unverfügbar, aber doch erfahrbar.[15]

Nikodemus reagiert nicht mehr spöttisch, sondern äußert Ratlosigkeit gegenüber der Antwort und fragt, wie die Neugeburt aus dem Geist geschehen kann.[16]

Mit der Anrede „Lehrer Israels" macht Jesus Nikodemus zum Repräsentanten des Volkes Israel. Jesus stellt fest, dass das schriftgelehrte Judentum die Geburt aus dem Geist, das Mysterium des Glaubens, nicht versteht. Dies sollte Nikodemus in den Schriften wiedererkennen, wäre er für Jesus und seine Botschaft offen.[17]

In der dritten Jesus-Antwort ist darum vom Zeugnis die Rede, das nur der annehmen kann, der die Neugeburt erfahren hat. Nikodemus hatte in Wir-Form eröffnet. Jesus schließt sich nun im „wir" in die Gruppe seiner Nachfolger, der Gläubigen, ein.[18] So bezieht sich Antwort auf den Weg zum Heil: Um zu Gott zu finden braucht es die Öffnung für den Glauben an den Offenbarer und sein Zeugnis.[19]

8 Der Wind weht, wo er will; du hörst sein Brausen, weißt aber nicht, woher er kommt und wohin er geht.

9 Nikodemus erwiderte ihm: Wie kann das geschehen?

10 Jesus antwortete: Du bist der Lehrer Israels und verstehst das nicht?

11 Amen, amen, ich sage dir: Was wir wissen, davon reden wir, und was wir gesehen haben, das bezeugen wir und doch nehmt ihr unser Zeugnis nicht an.

---

15 In Joh 14,15-26 verheißt Jesus den Heiligen Geist allen Menschen als Beistand, durch den Gott für jeden Menschen erfahrbar ist. Doch nur Menschen, die sich auf Gott verlassen und danach handeln, empfangen dessen Leitung.

16 Vgl. Dietzfelbinger, Christian (2001): Das Evangelium nach Johannes 1, S. 81.

17 Vgl. z. B. Ez 36,25-27: Gott will das Herz des Menschen erneuern. Das kalte herausnehmen und ein warmes Herz geben. Der Gedanke der geistlichen Herzenswandlung, die zum Erfüllen göttlichen Willens befähigt, war zur Zeit Jesu im pharisäischen Denkhorizont lebendig. Die Verständnislosigkeit Nikodemus zur Neugeburt kann daher erstaunen. Vgl. Schnackenburg (1979): Das Johannesevangelium 1, S. 383.

18 Vgl. Klaiber (2017): Das Johannesevangelium 1, S. 89; Porsch (2001): Johannes-Evangelium, S. 38; Schnackenburg (1979): Das Johannesevangelium 1, S. 389. Er öffnet nachösterlichen Zeugnissen das Tor.

19 Vgl. Wilckens (1998): Das Evangelium nach Johannes, S. 69; Gnilka (1983): Johannesevangelium, S. 28. Der Sprung vom „Wunder"-Glauben in den

12 Wenn ich zu euch über irdische Dinge gesprochen habe und ihr nicht glaubt, wie werdet ihr glauben, wenn ich zu euch über himmlische Dinge spreche?

Nikodemus verschwindet dabei aus dem Blick, da er nicht verstehen kann.[20] Die Rede öffnet sich und macht deutlich: Es geht nicht nur um Nikodemus, sondern um „euch", um alle. Bisher ging es um die Heilsbedürftigkeit des Menschen und die Notwendigkeit der Neugeburt. Wenn Menschen die Tiefendimension des „Irdischen" nicht verstehen und nicht zum Glauben kommen, wie können sie sich dann erst für die „himmlischen Dinge" öffnen, die Jesus ihnen nahebringen möchte? Darum geht es nun im Wechsel vom Dialog in eine situationsgelöste kerygmatische Rede Jesu. Die Erklärung wird – in rabbinischer Argumentation vom Geringen zum Höheren – auf die theologische Ebene gehoben. Jesus kommt auf sein christologisches Geheimnis und Heilswerk zu sprechen.[21]

---

wahrhaftigen Glauben ist Zumutung im positiven Sinn und Herausforderung. Nikodemus bleibt im Gespräch auf der Ebene der vernünftig scheinenden Erkenntnis des Fleisches. Darum erkennt und versteht er nicht direkt, was er hört.

20 Vgl. Gnilka (1983): Johannesevangelium, S. 26; Fußnote 8 zur Gestalt des Nikodemus.

21 Vgl. Wilckens (1998): Das Evangelium nach Johannes, S. 70; Schnackenburg (1979): Das Johannesevangelium 1, S. 393-394; Klaiber (2017): Das Johannesevangelium 1, S. 89. Hier sind die Themen johanneischer Theologie zirkulär verdichtet. Sie zu verstehen, fordert den Glauben an Jesus und seine Offenbarung. Gnilka spricht von der nur den Gläubigen zugänglichen johanneischen Glaubenssprache. Vgl. Gnilka (1983): Johannesevangelium, S. 27.

Textaufbau

Verse Joh 3,1-3: Exposition inkl. rahmender Überleitung Joh 2,23-25	Nikodemus als Wissender
23 Während er zum Paschafest in Jerusalem war, kamen viele zum Glauben an seinen Namen, da sie die Zeichen sahen, die er tat.	Glaube als Rahmung Doppelbedeutung - Zeichen
24 Jesus selbst aber vertraute sich ihnen nicht an, denn er kannte sie alle	
25 und brauchte von keinem ein Zeugnis über den Menschen; denn er wusste, was im Menschen war.	
1 Es war da einer von den Pharisäern namens **Nikodemus**, ein führender Mann unter den Juden.	
2 Der suchte Jesus bei Nacht auf und sagte zu ihm: Rabbi, wir wissen, du bist ein Lehrer, von Gott gekommen; denn niemand kann die Zeichen tun, die du tust, wenn nicht Gott mit ihm ist.	1. (Implizite soteriologische) Frage: Wie erlangt ein Mensch das Reich Gottes?
3 **Jesus antwortete ihm: Amen, amen, ich sage dir:** Wenn jemand nicht von oben geboren wird, kann er das Reich Gottes nicht sehen.	1. Antwort: Durch Geburt von oben.
Verse Joh 3,4-8: Missverständnis	**Nikodemus als Fragender**
4 **Nikodemus** entgegnete ihm: Wie kann ein Mensch, der schon alt ist, geboren werden? Kann er etwa in den Schoß seiner Mutter zurückkehren und noch einmal geboren werden?	2. Frage: Wie kann ein Mensch noch einmal geboren werden? Doppelbedeutung - Missverständnis
5 **Jesus antwortete: Amen, amen, ich sage dir:** Wenn jemand nicht aus dem Wasser und dem Geist geboren wird, kann er nicht in das Reich Gottes kommen.	2. Antwort: Durch Geburt aus dem Geist.
6 Was aus dem Fleisch geboren ist, das ist Fleisch; was aber aus dem Geist geboren ist, das ist Geist.	
7 Wundere dich nicht, dass ich dir sagte: Ihr müsst von oben geboren werden.	
8 Der Wind weht, wo er will; du hörst sein Brausen, weißt aber nicht, woher er kommt und wohin er geht.	Doppelbedeutung - Metapher

Verse Joh 3,9-12: Konfrontation	Nikodemus ohne Erkenntnis
9 **Nikodemus** erwiderte ihm: Wie kann das geschehen?	3. Frage: Wie geschieht die Geburt aus dem Geist?
10 **Jesus antwortete:** Du bist der Lehrer Israels und verstehst das nicht?	
11 **Amen, amen, ich sage dir:** Was wir wissen, davon reden wir, und was wir gesehen haben, das bezeugen wir und doch nehmt ihr unser Zeugnis nicht an.	3. (implizite soteriologische) Antwort: durch Glaubenserfahrungen.
12 Wenn ich zu euch über irdische Dinge gesprochen habe und ihr nicht glaubt, wie werdet ihr glauben, wenn ich zu euch über himmlische Dinge spreche?	Glaube als Rahmung

Abb. 1: Erkenntnissuche des Nikodemus bei Jesus – Frage-Antwort-Struktur von Joh 3,1-12

1.2. Wahre Erkenntnis des Menschensohns (Vers 13)

Auslegung

Die Rede wechselt nun abrupt zur dritten Person. Zeitebenen scheinen überblendet. Daher wird vermutet, dass der Einschub Joh 3,31-36 ursprünglich vor Vers 13 gestanden haben könnte.[22] Zumindest erläutern und vertiefen beide Textstellen sich gegenseitig.

13 Und niemand ist in den Himmel hinaufgestiegen außer dem, der vom Himmel herabgestiegen ist: der Menschensohn.

Es wird verneint, dass der Mensch selbst aus dem irdischen Sein heraus den Weg zu Gott findet.[23] Der Menschensohn, der von Gott kommt und mit ihm eins ist, stellt die Verbindung von Himmel und Erde zum neuen Leben mit Gott her.

---

22 Vgl. Schnackenburg (1979): Das Johannesevangelium 1, S. 433.
23 Vgl. Klaiber (2017): Das Johannesevangelium 1, S. 90. Gott alleine kann mit seiner Weisheit die Verbindung zwischen Gott und den Menschen schaffen. Vgl. Spr 30,4.

Textaufbau

Vers 3,13: Perspektivwechsel inkl. Einschub Joh 3,31-36	Soteriologische Ebene
31 Er, der von oben kommt, steht über allen; wer von der Erde stammt, ist irdisch und redet irdisch. Er, der aus dem Himmel kommt, steht über allen.	Wer ist der Menschensohn Jesus? Er ist Sohn Gottes.
32 Was er gesehen und gehört hat, bezeugt er, doch niemand nimmt sein Zeugnis an.	
33 Wer sein Zeugnis annimmt, hat besiegelt, dass Gott wahrhaftig ist.	
34 Denn der, den Gott gesandt hat, spricht die Worte Gottes; denn ohne Maß gibt er den Geist.	
35 Der Vater liebt den Sohn und hat alles in seine Hand gegeben.	
36 Wer an den Sohn glaubt, hat das ewige Leben; wer aber dem Sohn nicht gehorcht, wird das Leben nicht sehen, sondern Gottes Zorn bleibt auf ihm.	
13 Und niemand ist in den Himmel hinaufgestiegen außer dem, der vom Himmel herabgestiegen ist: der Menschensohn.	Nur er kann den Menschen das Heil in der Welt vermitteln.

Abb. 2: Perspektivwechsel auf das Heil durch den Menschensohn

1.3. Rettung durch den Glauben und Gericht (Verse 14-18)

Auslegung

In Vers 14-18 folgen fünf verkettete Logien.

14 Und wie Mose die Schlange in der Wüste erhöht hat, so muss der Menschensohn erhöht werden,

Zuerst geht es um das Muss der Erhöhung des Menschensohns. Gemeint ist der Kreuzestod Jesu. Der Text kann so als johanneische Passionsankündigung angesehen werden:[24] Das Bild von Moses eherner Schlange als Heilszeichen aus Num 21,4-9 wird Vorankündigung der Erhöhung Jesu am Kreuz. Die Schlange ist mythologisch – schon in Gen 3,13 – ein Verführer. Ihr vergiftender Biss ist Folge und Abbild der Schuld Israels. Als eherne Schlange am Pfahl ist sie zugleich Zeichen der Rettung. Wer zu ihr aufsieht, bekennt Schuld und zeigt Vertrauen, von Gott neues Leben zu erhalten. So liegt im Blick des Glaubens auf Jesu am Kreuz das Bekenntnis menschlicher Schuld. Im Glauben auf Rettung tritt das Leid in den Hintergrund. Das Vertrauen wächst, in der unbegrenzten Liebe, der Gewaltfreiheit und der Hingabe des vollkommen Unschuldigen heil zu werden. Das Geschick des Volkes Israels wird auf den Tod und die Auferstehung von Jesus übertragen.[25]

---

[24] Das Unverstehbare zu verstehen, warum Jesus den leidvollen Weg in den Tod am Kreuz gehen musste, war eine Last der Urchristen und Kern christlichen Glaubens. Die Passion hatte alle auf Jesus als den Messias gesetzten Hoffnungen zunächst ausgelöscht. Vgl. Lk 24,19-21; 1 Kor 1,18. Die johanneische Gemeinde las im AT Verweise: Bei Moses erfolgte durch Erhöhung am Holz Rettung der Menschen. Vgl. Dietzfelbinger (2001): Das Evangelium nach Johannes 1, S. 87-88. Die Erhöhung sieht Joh 17,5 in der am Kreuz vollkommen vereinten Liebe von Vater und Sohn zur Welt. Sie überwindet Hass und Tod. Vgl. Wilckens (1998): Das Evangelium nach Johannes, S. 71. Die Erhöhung zur Rechten nach der Himmelfahrt ist hier grundgelegt. Vgl. Fußnote 59.

[25] Vgl. Klaiber (2017): Das Johannesevangelium 1, S. 91; Gnilka (1983): Johannesevangelium, S. 29. Jesus am Kreuz verkörpert die Gottesferne der dem Tode verfallenen Menschen, die sich gegen Gottes Willen stellen. Der Vergleich mit der ehernen Schlange weist das Kreuz als Zeichen des Heils aus. Der Glaube sieht darum am Kreuz mehr als einen zu Tode Gefolterten. Er sieht im Gekreuzigten das Geschenk ewigen Lebens, den Sieg der Liebe Gottes über den Hass der Menschen. Wer die Liebe Gottes schaut, wird erfasst und verändert sein Herz. So wird ihm der Weg zum Vater gezeigt. Die natürliche Geburt bleibt auf den Tod hin geordnet. Die Geburt aus dem Geist schafft in der doppelten Existenz des Gläubigen ewiges Leben. Vgl. a.a.O., S. 27-29.

Das zweite Logion zielt auf das Erlangen des ewigen Lebens durch den Glauben. Jeder, der in der Hoffnung auf ewiges Leben zum erhöhten Menschensohn blickt, wird vom Tod erlöst. Sich im Glauben vom Geschick Jesu und dem Geist der Liebe erfüllen zu lassen, ist der Weg zu ewigem Leben. So haben die Gläubigen Anteil an Jesus Sieg über den Tod.[26]

15 damit jeder, der glaubt, in ihm ewiges Leben hat.

Das dritte Logion beleuchtet den Sinn der Hingabe des Sohnes. Der Vers fasst geradezu die Liebesbotschaft des Joh in einem Satz zusammen. Gottes Liebe zu seiner Schöpfung ist unbegrenzt. Er hat bereits gehandelt.[27] Gott gab seinen einzigen Sohn in die menschliche Existenz hinein, der das Todesgeschick annimmt und es in selbstloser Hingabe am Kreuz in die ewige Gemeinschaft mit Gott hinein vollendet. Die Wiederholung der Wendung aus Joh 3,15 „damit jeder, der an ihn glaubt, ... ewiges Leben hat" gibt dem „Wozu" seine Eindringlichkeit.

16 Denn Gott hat die Welt so sehr geliebt, dass er seinen einzigen Sohn hingab, damit jeder, der an ihn glaubt, nicht verloren geht, sondern ewiges Leben hat.

Das vierte Logion erläutert das, was die Sendung des Sohnes aus der göttlichen Sphäre in die Welt bedeutet: Sie öffnet jedem Menschen den Weg, Anteil am ewigen Leben zu gewinnen. Das ist Ursprung und Ziel christlicher Existenz. Entgegen traditioneller messianischer Vorstellungen, hat Gott nach johanneischer Theologie seinen Sohn nicht zum Richten, sondern zum Retten in die Welt gesandt.[28]

17 Denn Gott hat seinen Sohn nicht in die Welt gesandt, damit er die Welt richtet, sondern damit die Welt durch ihn gerettet wird.

---

26 So wird fassbar, dass das Kreuz göttlichem Ratsschluss entspricht. Kreuz und Leiden sind nicht von Gott gewollt. Sie sind Ergebnis der geschichtlichen Entwicklung, die Menschen verantworten. Jesus heilt die Menschen, indem er ganz in den Willen Gottes einwilligt und in der Liebe bleibt.
27 Vgl. Klaiber (2017): Das Johannesevangelium 1, S. 91. Z.T. wird vermutet, Joh 3,16 sei übernommen oder später eingefügt. Vgl. a.a.O., S. 92. Die Erlösung zeigt Gottes Liebe zur Welt. Auch wenn vom Einzelnen die Rede ist, ist Ziel die Rettung aller. Gottes Ruf geht an jeden, akzeptiert aber den freien Willen und ein Nein. Vgl. Gnilka (1983): Johannesevangelium, S. 28-29; FN 15.
28 Hier knüpft Joh an Paulus an (Röm 8,3; Gal 4,4). Die Endzeiterwartung der Juden und der drei Synoptiker wird als persönliche Hoffnung der Menschen übersetzt – auch jener, denen die Reich-Gottes-Erwartung fremd war. Vgl. Klaiber (2017): Das Johannesevangelium 1, S. 91.

18 Wer an ihn glaubt, wird nicht gerichtet; wer nicht glaubt, ist schon gerichtet, weil er nicht an den Namen des einzigen Sohnes Gottes geglaubt hat.

Gericht vollzieht sich im Hier und Jetzt[29] der Glaubens-Entscheidung. Das behandelt das fünfte Logion. Wenn der Mensch Gottes Botschaft ausschlägt und sein Herz verhärtet, ist er im Unheil. Die Entscheidung zwischen Glauben und Unglauben in der Begegnung mit der Botschaft Jesu ist Entscheidung über ewiges Leben (nicht gerichtet werden) und Tod (schon gerichtet sein).[30]

Textaufbau

Verse 3,14-18: Kerygmatische Rede	Kette von fünf Logien
14 Und wie Mose die Schlange in der Wüste erhöht hat, so muss der Menschensohn erhöht werden,	1. Erhöhung des Menschensohns
15 damit jeder, der glaubt, in ihm ewiges Leben hat.	2. Heil, ewiges Leben, durch Glauben
16 Denn Gott hat die Welt so sehr geliebt, dass er seinen einzigen Sohn hingab, damit jeder, der an ihn glaubt, nicht verloren geht, sondern ewiges Leben hat.	3. Hingabe des Sohnes aus Liebe zur Welt
17 Denn Gott hat seinen Sohn nicht in die Welt gesandt, damit er die Welt richtet, sondern damit die Welt durch ihn gerettet wird.	4. Sendung des Sohnes als soteriologische Handlung
18 Wer an ihn glaubt, wird nicht gerichtet; wer nicht glaubt, ist schon gerichtet, weil er nicht an den Namen des einzigen Sohnes Gottes geglaubt hat.	5. Glaube als eschatologisches Ereignis (präsentisches Gericht)

Abb. 3: Kerygmatische Rede des johanneischen Jesus

---

29 Das „Jetzt" verweist weniger auf einen Zeitpunkt, als auf die religiöse Grunderfahrung: Nicht in Raum und Zeit, sondern im Eingang in sich selbst, wird Christus-Gegenwart erlebt. Vgl. Rahner/ Vorgrimler (1983): Kleines Theologisches Wörterbuch, hier: „Jetzt", S. 217.

30 Unglaube ist Selbstgericht des Menschen, nicht Strafgericht. Glaube macht Gericht unnötig. Gottes Sohn kommt nicht zum Richten, und doch bedeutet sein Kommen Weltgericht. Vgl. Klaiber (2017): Das Johannesevangelium 1, S. 98. Im Tod sieht das Johannes-Evangelium nicht nur das Ende der physischen Existenz, sondern das Scheitern des Lebens ohne Verbindung zu Gott. Ewiges Leben erfolgt in Gemeinschaft mit Gott. Es beginnt nicht erst nach dem Tod oder bei der Auferstehung, sondern wenn der Mensch zu Gott und innerem Frieden findet. Gottes Liebe kommt so zum Ziel.

1.4. Endredaktioneller Zusatz (Verse 19-21)

Auslegung

Die Verse 19-21 gelten als späterer endredaktioneller Zusatz, der das Tun in Folge wahrhaftigen Glaubens erläutert.[31]

Das Licht als Metapher für Christus ist mit ihm bleibend in die Welt gekommen.[32] Die Begegnung mit dem Licht führt in die Krise. So scheuen finstere Mächte das Licht, da es Selbstgericht hervorruft.[33]

In den Taten spiegelt sich das Wesen des Menschen wider. In der Gegenwart und in der Liebe Gottes, die als Licht ins Leben der Menschen leuchtet und es erhellt, wird der Mensch sich der Sünden gewahr. Das meidet der Ungerechtfertigte.[34]

Gegenüber dem sich offenbarenden Gott erkennt der Mensch sich selbst. Öffnet er sich dafür, dann empfängt er ein Sein, in dem er die Wahrheit tut.[35] Ohne damit eine subjektive Wahrnehmung von Wirklichkeit zu verbinden, ist damit gemeint, sich der Offenbarung des Wortes Gottes als Wahrheit zu öffnen und sich von ihm leiten zu lassen. Im Glauben enthüllt sich so die Liebe. Es geht nicht um Leistungen, sondern um Taten, die durch Gott in den Gläubigen gewirkt werden und die sie in ihm tun.[36]

19 Denn darin besteht das Gericht: Das Licht kam in die Welt, doch die Menschen liebten die Finsternis mehr als das Licht; denn ihre Taten waren böse.

20 Jeder, der Böses tut, hasst das Licht und kommt nicht zum Licht, damit seine Taten nicht aufgedeckt werden.

21 Wer aber die Wahrheit tut, kommt zum Licht, damit offenbar wird, dass seine Taten in Gott vollbracht sind.

---

31 Kügler hält Joh 3,19-21 für eine Hinzufügung der Endredaktion. Vgl. Fußnote 3.
32 Die Sendungsbotschaft von Jesus in Joh 12,46 greift die Lichtmetapher auf. Obwohl als Heil in die Welt gegeben wird, bewirkt Licht Gericht. In ihm scheiden sich die Geister. Tag und Nacht als Gezeiten des Lichts haben darum symbolische Bedeutung.
33 Das griechische Wort *krisis* bedeutet Gericht und Scheidung. Es ist eschatologisches Ereignis. Vgl. Gnilka (1983): Johannesevangelium, S. 29; Abb. 7.
34 Vgl. Klaiber (2017): Das Johannesevangelium 1, S. 95.
35 Vgl. Dietzfelbinger (2001): Das Evangelium nach Johannes 1, S. 90.
36 In ihrem Leben erwächst Gutes aus der Gemeinschaft mit Gott. Vgl. Klaiber (2017): Das Johannesevangelium 1, S. 96. Paulus spricht von Früchten (Gal 5,22).

Textaufbau

Verse 3,19-21: Betonung der Taten	Lichtmetaphorik
19 Denn darin besteht das Gericht: Das Licht kam in die Welt, doch die Menschen liebten die Finsternis mehr als das Licht; denn ihre Taten waren böse.	Der Sohn kommt als Licht der Welt aus dem Licht in die Welt der Finsternis.
20 Jeder, der Böses tut, hasst das Licht und kommt nicht zum Licht, damit seine Taten nicht aufgedeckt werden.	Böses scheut das Licht.
21 Wer aber die Wahrheit tut, kommt zum Licht, damit offenbar wird, dass seine Taten in Gott vollbracht sind.	Wahrheit kommt zum Licht.

Abb. 4: Endredaktioneller Zusatz – Betonung der Taten

2. Johanneischer Soteriologie in Joh 3,1-21

Die johanneische Theologie basiert darauf, dass Gott seinen Sohn als Retter, als *soter,* auf die Welt sendet, damit er der Welt das Heil vermittelt und sie durch ihn gerettet wird. Darum musste er das Leid tragen. Das Nikodemus-Gespräch dreht sich um die Frage, wie erlangt der Mensch durch Jesus Christus das Heil, das Reich Gottes, das ewige Leben? Bezüge zum Johannes-Prolog, ein johanneischer Dualismus, doppelte Sinnebenen und die präsentische Eschatologie werden in Joh 3,1-21 eingesetzt, um Ziel, Kontext, Grundbedingung und Bedeutung der *Soteriologie* in der Johanneischen Theologie zu veranschaulichen.

2.1. Soteriologie als Ziel – Johannes-Prolog als Lesehilfe

Gottes Sohn

Der Prolog Joh 1,1-18 setzt die Geschichte Jesu mit Gott und der Welt in einen größeren Kontext, um letztlich Menschen in der Welt für die christologische Bedeutung Jesu und seiner Worte zu öffnen.[37] Die Welt wurde im Anfang von Gott mit dem präexistenten Logos Gottes geschaffen. Sie wurde zur Sphäre der Finsternis der Gottesferne. Gott greift ein und gibt seinen Sohn, den „Fleisch" (Mensch) gewordenen Logos, in die Welt.[38]

---

[37] Christologie ist die Theologie über die Person Jesus Christus. Soteriologie ist die Theologie über sein Erlösungswerk. Die Menschwerdung des göttlichen Logos ist geschichtliche Selbstmitteilung Gottes in seiner Liebe an die Welt. In der Geschichte wird auch das Wesen des Menschen offenbar und wahre Menschlichkeit erlebt. Johanneische Gottes- und Menschenlehre, Christologie, Soteriologie und Eschatologie können nur als Einheit gesehen werden. Vgl. Rahner/ Vorgrimler (1983): Kleines Theologisches Wörterbuch, hier: „Christologie", S. 74.

[38] Johanneische Theologie stellt sich mit dem Logos-Prolog in die jüdisch-hellenistische Tradition. Sein Anfang erinnert an die Schöpfungsgeschichte. Er will sie fortsetzen: Das Erneuern des Gottesverhältnisses ist wie das Einhauchen des Geistes in Gen 2,7 schöpferischer Akt Gottes. Jesus stirbt, aber er haucht seinen Geist nicht aus, sondern der Welt als ewiges Leben ein. Schöpfung wird in der raumzeitlichen Geschichte fortlaufendes Geschehen.

Er soll den Menschen in der Welt die Liebe Gottes offenbaren und sie in die Gemeinschaft mit Gott führen.[39] So wird Gott in Jesus für den Menschen in der Welt schaubar. Ohne das Evangelium vorwegzunehmen, rahmt der Prolog damit die fünf Logien im Nikodemus-Gespräch.

Menschensohn

Das Gott-Sein Jesu ist im Johannes-Evangelium so programmatisch betont, dass nicht vergessen werden darf, dass Jesus historisch real Mensch war, nicht nur scheinbar. Im Urchristentum waren die historischen Fakten noch so selbstverständlich, dass sie keiner Erwähnung im Johannes-Evangelium bedurften.

Soteriologie als Ziel

In freier Einstimmung als Mensch in den Willen Gottes lässt Jesus sich im Geist der Liebe und in unzerstörbarem Vertrauen auf die Liebe Gottes bis zur selbstlosen Hingabe für die Menschen führen. Der Kreuzestod Jesu wird Kulminationspunkt. Das Kreuz ist nicht ohne Grund Symbol der Christenheit: Die Erniedrigung des Menschensohns in der Passion bis zum Tod mündet in seine Erhöhung und Verherrlichung.[40] Leiden und Verherrlichung gehen im Johannes-Evangelium untrennbar ineinander über. Das Wesentliche geschieht unsichtbar präsentisch. Die Einheit zwischen Vater und Sohn hat in den dunkelsten Stunden – im Gebet gestärkt – allen menschlichen Versuchungen getrotzt und ist nicht

---

39 Vater und Sohn sind zwei Hypostasen/ Personen des einen göttlichen Wesens. In Jesus sind zwei Naturen vereint – Gott und Mensch. Vgl. Merkt, Andreas (2016): Theologie in frühchristlicher und spätantiker Zeit, Aufbaukurs Theologie, LB 6, Theologie im Fernkurs Domschule Würzburg, S. 51. Diese spiegeln sich in der doppelten Existenz der Gläubigen. Joh geht es v. a. um die göttliche Natur Jesu. Vgl. Dietzfelbinger (2001): Das Evangelium nach Johannes 1, S. 85. Im Glauben an die göttliche Natur Jesu spiegeln sich die Differenzen mit Judentum und Islam wider.

40 Selbsthingabe ist nicht als Leidensmystik zu missverstehen. Zur Erhöhung vgl. Fußnote 24.

zerbrochen.[41] An der Gemeinschaft mit Gott kann jeder im Hier und Jetzt im Glauben teilhaben. So ist johanneische Christologie soteriologisch auf die Vollendung der Schöpfung hin ausgerichtet.[42]

Textgegenüberstellung

Johannes-Prolog 1,1-18 (ohne Johannes-Einschübe 1,6-8; 1,15)	Nikodemus-Gespräch 3,1-21 (ohne Johannes-Perikope 3,22-36)
Jüdisch-hellenistische Weisheits-Logos-Theologie Logos = Weisheit Gottes (wesensgleich mit Gott), Schöpfungswerkzeug Gottes	
1,1 Im Anfang war das Wort und das Wort war bei Gott und das Wort war Gott.	
1,2 Dieses war im Anfang bei Gott.	
1,3 Alles ist durch das Wort geworden und ohne es wurde nichts, was geworden ist.	
Lichtmetaphorik	
1,4 In ihm war Leben und das Leben war das Licht der Menschen.	
1,5 Und das Licht leuchtet in der Finsternis und die Finsternis hat es nicht erfasst.	3,19-21 ... Das Licht kam in die Welt, doch die Menschen liebten die Finsternis mehr...
1,9 Das wahre Licht, das jeden Menschen erleuchtet, kam in die Welt.	
1,10 Er war in der Welt und die Welt ist durch ihn geworden, aber die Welt erkannte ihn nicht.	

---

41 Vgl. Ratzinger, Josef Benedikt XVI. (2011): Jesus von Nazareth: Band II: Vom Einzug in Jerusalem bis zur Auferstehung, Herder, Freiburg, S. 185-188.
42 Vgl. Lohfink, Gerhard (2005): Der letzte Tag Jesu, Was bei der Passion wirklich geschah, Verlag Katholisches Bibelwerk, Stuttgart, S. 108-110. Zur Vollendung vgl. Fußnote 59.

Johannes-Prolog 1,1-18 (ohne Johannes-Einschübe 1,6-8; 1,15)	Nikodemus-Gespräch 3,1-21 (ohne Johannes-Perikope 3,22-36)
Fleischgewordener Logos	
Jesus Christus = Sohn Gottes (wesensgleich mit Gott), Heilswerkzeug Gottes	
1,11 Er kam in sein Eigentum, aber die Seinen nahmen ihn nicht auf.	3,11 ... doch nehmt ihr unser Zeugnis nicht an.
1,12 Allen aber, die ihn aufnahmen, gab er Macht, Kinder Gottes zu werden, allen, die an seinen Namen glauben,	3,15-16 ... damit jeder, der an ihn glaubt, nicht verloren geht, sondern ewiges Leben hat.
1,13 die nicht aus dem Blut, nicht aus dem Willen des Fleisches, nicht aus dem Willen des Mannes, sondern aus Gott geboren sind.	3,3 ... von oben geboren... 3,7 ... Ihr müsst von oben geboren werden.
1,14 Und das Wort ist Fleisch geworden und hat unter uns gewohnt und wir haben seine Herrlichkeit geschaut, die Herrlichkeit des einzigen Sohnes vom Vater, voll Gnade und Wahrheit.	3,16 ..., dass er seinen einzigen Sohn hingab... 3,18 Wer an ihn glaubt, wird nicht gerichtet ... an den Namen des einzigen Sohnes Gottes geglaubt...
1,16 Aus seiner Fülle haben wir alle empfangen, Gnade über Gnade. 1,17 Denn das Gesetz wurde durch Mose gegeben, die Gnade und die Wahrheit kamen durch Jesus Christus.	3,14 Und wie Mose die Schlange in der Wüste erhöht hat, so muss der Menschensohn erhöht werden. 3,18 ... Namen des einzigen Sohnes Gottes
1,18 Niemand hat Gott je gesehen. Der Einzige, der Gott ist und am Herzen des Vaters ruht, er hat Kunde gebracht.	3,13 Und niemand ist in den Himmel hinaufgestiegen außer dem, der vom Himmel herabgestiegen ist: der Menschensohn.

Abb. 5: Johannes-Prolog und Parallelstellen im Nikodemus-Gespräch

2.2. Kontext der Soteriologie –
Johanneischer Dualismus zur Problembeschreibung

Johanneischer Sphären- und Entscheidungs-Dualismus

In Joh 3,1-21 wird die johanneische Theologie im Dualismus zweier Sphären entfaltet. Durch Eintreten des Gottes-Sohns in die Geschichte der Welt und durch Ausgießen des Geistes sind der Welt der Zugang zum Heil Gottes vermittelt und der Dualismus überwunden. Der Heilsweg wird in Joh 3,14-18 beschrieben. Der Mensch ist gerufen, sich aus freiem Willen zum Glauben zu entscheiden.

Polarität ist ein markantes Kompositionsmittel im Johannes-Evangelium.[43] Der Nacht in Joh 3,2 steht das Licht in Joh 3,20-21 gegenüber – Nacht und Licht rahmen so das Nikodemus-Gespräch. Im Dualismus von Gegensatzpaaren werden Sein-Weisen differenziert: Licht/ Finsternis, Oben/ Unten, Reich Gottes/ Welt, Himmel/ Erde, Liebe/ Hass, Wahrheit/ Böses, Ewiges Leben/ Tod, Geist/ Fleisch etc.[44]

---

43 Die polarisierende Sprache appelliert an die Entscheidung zum Glauben. Dahinter steht ein Kontext, in dem jene verfolgt werden, die sich zu Christus bekennen.

44 Vgl. Porsch (2001): Johannes-Evangelium, S. 40. So sagt Jesus in Joh 8,23: „Ich bin nicht aus dieser Welt." Mit dem Fleisch/ Geist-Dualismus ist nicht wie in der späteren Gnosis die hellenistische Leib-Seele-Anthropologie gemeint. Der Mensch ist in ganzer Person ein auf Gott hin bezogenes Wesen. Leben gelingt nur im Vertrauen auf ihn. Der Tod ist Folge eines verfehlten gottfernen, selbstbezogenen Lebens. Vgl. Wilckens (1998): Das Evangelium nach Johannes, S. 68.

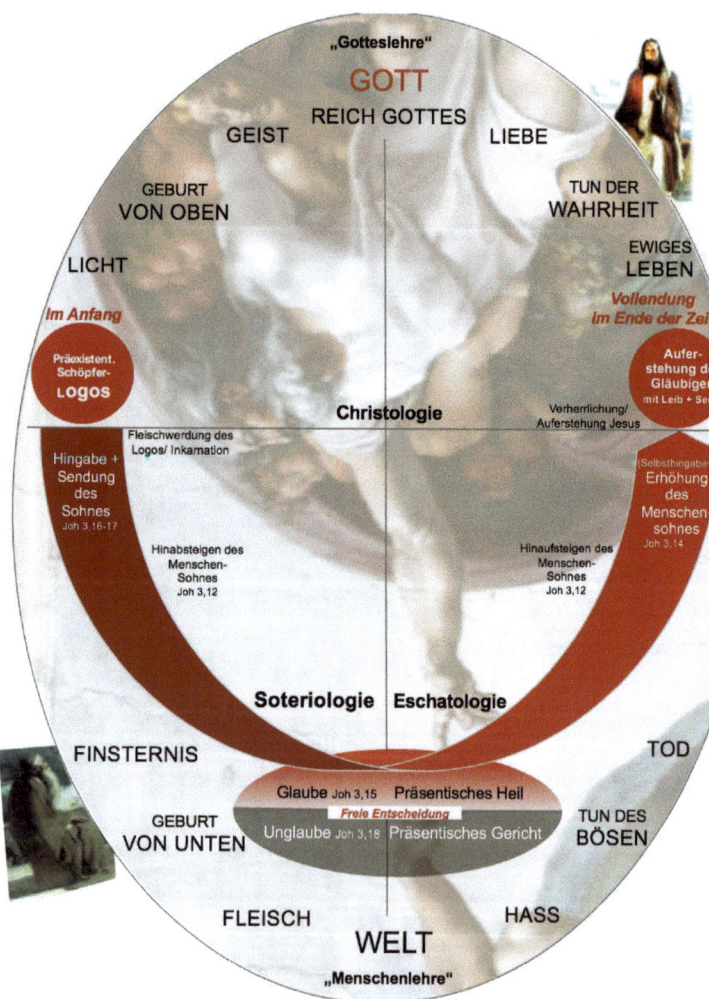

Abb. 6: Johanneische Theologie im Nikodemus-Gespräch

Eigene Darstellung in Anlehnung an Garsky, Albrecht (2018): Konzeption des Johannesevangeliums, unveröffentlichtes Lehrmaterial von Theologie im Fernkurs, Würzburg. Bildcollage mit Bildanleihen aus: Henry Ossawa Tanner (1899): Nicodemus, Oil on canvas (85,6x100,3 cm), Joseph E. Temple Fund sowie Michelangelo Buonarroti (1508-1512): Die Erschaffung Adams, Fresko (480x230 cm), Sixtinische Kapelle.

Ellipsen und Heilssymbol in Raum und Zeit

Abb. 6 skizziert die Theologie im Nikodemus-Gespräch. Sie behandelt die Frage: Wie kann ein Mensch das Heil erlangen? Es ist die Paradoxie des Zum-Glauben-Kommens, dass der ungläubige Mensch dies aus sich heraus nicht kann. Doch die Botschaft des Johannes-Evangeliums ist, dass der Mensch auf das Wunder hoffen kann: In göttlicher Gnade geht der Ruf an jeden Menschen. Jeder entscheidet auf seinem individuellen Erkenntnisweg in jedem Moment, ob er sich weiter auf den Weg des Glaubens macht, das von Gott gegebene Heil anzunehmen und in der Nachfolge Jesu ins Himmelreich zu gelangen. Dieser Entscheidungs-Dualismus ist innen als kleine Ellipse skizziert, die unmittelbar mit dem Pfeilsymbol des durch Jesus Christus in die Welt gebrachten Heilsweges verknüpft ist.

In der äußeren Ellipse stehen sich nach dem johanneischen Dualismus weltliche und göttliche Sphäre als Gegensatzpaar gegenüber. Dies dient v. a. dazu, die Problematik der menschlichen Natur und Notwendigkeit des Heilshandelns Gottes für die Menschen aufzuzeigen. Den Eingriff Gottes in die reale Geschichte und in den Lauf der Zeit stellt das Pfeilsymbol dar. Indem Gott mit Jesus von Nazareth seinen Sohn in die Welt sendet, wird er unmittelbar für die Menschen erfahrbar bis hin zu Tod, Auferstehung und Pfingstgeschehen. So vermittelt sich im soteriologischen Handeln, das durch das Ausgießen des Geistes im Pfingstmysterium zu einem ewigen Handeln wird, für den Menschen die Möglichkeit, auf dem Weg Jesus Christus in die Gemeinschaft mit Gott und zum Ewigen Leben zu folgen. Der Weg ist individuell mühevoll und nicht einer Elite oder einem auserwählten Volk vorbehalten. Es geht um persönliche Umkehr, Rückschläge, Versagen, Verzeihen, Versöhnen, was immer wieder im Jetzt der Entscheidung errungen werden kann. Erkenntnis meint dabei nicht, exklusives göttliches Wissen, sondern unbedingte göttliche Liebe in Fülle (Joh 10,10) auf Erden zu erfahren. So werden die Dualismen zwischen irdischer und göttlicher Sphäre überwunden.

Beide Ellipsen versinnbildlichen also je zwei Polaritäten und dürfen nur mit dem Pfeilsymbol gelesen werden, das das soteriologische Heilsgeschehen Gottes in Raum und Zeit zur Überwindung der Polaritäten abbildet – vom Anfang der Zeit und dem präexistenten Logos bis zur Endzeit der Auferstehung der Gläubigen mit Leib und Seele in ganzer Einmaligkeit ihrer Person. Auf dem Pfeilsymbol des Heilshandelns bilden sich die fünf Logien im Nikodemus-Gespräch ab. Im Zentrum steht die johanneische Theologie von Jesus Christus, die Christologie. Der begegnet den Menschen horizontal real in Zeit und Raum und kann so vertikal der Vermittler von Himmel und Erde sein. So kommt es zu einem Kreuzungspunkt.

Die Heilsbedürftigkeit des Menschen als Kontext

Für den personalen Erkenntnisweg geht es darum, wie der Dialog mit Nikodemus plastisch skizziert, seine Heilsbedürftigkeit als Mensch zu erkennen. Die Welt ist im Argen. Doch der Mensch ist nicht in seiner fleischlichen Existenz prädestiniert und muss nicht unter der Macht des Todes bleiben. Entscheidend für das Johannes-Evangelium ist, dass das soteriologische Heilshandeln den Dualismus überwindet: Der Mensch kann Leben von oben empfangen. Gott sendet seinen Sohn als Erlöser in die Geschichte der Welt. Um der Welt des Todes die Heilsgüter in Begriffen der Welt auf reale, nicht transzendente Weise zu vermitteln, besitzt Jesus dazu beide Naturen. Damit der Mensch in seinem Erfahrungsbereich zu Erkenntnis kommen kann, begegnet Gott ihm geschichtlich konkret.

Die Polarisierung wirkt auf Erkenntnis und Entscheidung zum Glauben hin. Auch der Übergang vollzieht sich im Dualismus: Glaube/ Unglaube. Die freie Willens-Entscheidung ist Weichenstellung für Rettung/ Gericht bzw. Heil/ Unheil.[45] All das hebt heraus, dass es Heil nur in Jesus Christus gibt.

Im Hinauf- und Hinabsteigen des Menschensohns gemäß Joh 3,13 verbinden sich die Sphären. Joh 3,14-18 meditiert die Bewegung des Heilsgeschehens vom Ende: Der Menschensohn war bei Gott, ist zur Erlösung hinab- (Hingabe und Sendung) und wieder hinaufgestiegen (Erhöhung und Verherrlichung). So ist Gott in Jesus Mensch geworden und bewahrt den glaubenden Menschen vor dem ewigen Tod. Im Kreuz findet Gottes Wesen der Liebe durch den Tod hindurch endgültigen Ausdruck. Gott ist in Jesus Christus, dem Logos, der in die Welt kam, zum Retter geworden. Das zu erkennen, verwandelt. Ob der Mensch sein Leben verwirklicht, hängt nur davon ab, ob er sich im Glauben an Jesus Christus vom Geist bestimmen und sich so hinauf in die Sphäre ewigen Lebens mitnehmen lässt – oder nicht.

Exkurs: Auseinandersetzung mit der Gnosis

Im johanneischen Dualismus göttlicher und weltlicher Sphäre und dem präsentischen Entscheidungs-Dualismus zeigen sich Spuren der Auseinandersetzung der johanneischen Gemeinde mit frühen gnostischen Strömungen. Um Missverständnissen vorzubeugen, bedarf das Schaubild einer Leseanweisung, wie es drei zentrale Eigenschaften der Gnosis vermeidet:[46]

---

[45] Der Glaube selbst ist Gabe und Werk Gottes bzw. seines Geistes. Jeder Mensch wird auf seinem Weg durch das Wort zum Glauben abgerufen. Vgl. Porsch (2001): Johannes-Evangelium, S. 41.
[46] Zur Gnosis vgl. Rahner/ Vorgrimler (1983): Kleines Theologisches Wörterbuch, hier: „Gnosis", S. 161-163. Das Johannes-Evangelium grenzt sich von gnostischen Strömungen dadurch explizit ab.

1. Kein exklusiver Zugang zu göttlicher Erkenntnis:
Es kommt der Gnosis (von griech. Erkenntnis) letztlich rein auf die Kenntnis an, nicht auf einen individuellen Erkenntnisweg, den die göttliche Gnade dahin geführt hat. Heil wird solitär zur Frage des Zugangs zu Wissen, der einer gewissermaßen intellektuellen Elite vorbehalten ist. Persönliches Gottesverhältnis, moralische Lebensführung oder soziales Beziehungsverhalten spielen für das Heil keine Rolle.

2. Überwinden der Dualität:
Der Gnosis ist ein radikales dualistisches Denken immanent, das die Welt in zwei entgegenstehende Wirklichkeiten spaltet. Es geht ihr – in gewisser Menschenverachtung – nicht um die Überwindung der Dualität.

3. Real erfahrenes Geschehen:
Die in der ersten gnostischen Hochphase am Ende des 3. Jahrhunderts entstandenen sog. gnostische Evangelien zeigen kein Interesse an historischen Ereignissen, menschlichen Komponenten, dem Leben und Tun Jesus Christus auf. Christus war für sie nur scheinbar Mensch. Der Gnosis geht es nur um die Lehre. Durch Betonung rein der geistigen Erkenntnis ist ihr Geschichts- und Leibfeindlichkeit in die Wiege gelegt. Darin gründen auch gnostische Wege zur Öffnung spiritueller Erfahrungen – wie etwa Fasten, Schmerz, Selbstkasteiung, Enthaltsamkeit, Loslösung vom Körper durch Meditation, Schlafentzug, Drogen oder Hyperventilation. Gegen reine Vergeistlichung des Johannes-Evangeliums steht der Zusatz in Joh 3,19-21, der konsequent in einer Auferstehung der Gläubigen mit Leib und Seele am Ende der Zeit mündet und somit auch der Leibfeindlichkeit der Gnosis eine weitere radikale Absage erteilt.

2.3. Glaube als Grundbedingung – Doppelte Sinnebenen und johanneische Glaubenstheologie

Entfaltung einer dichten Theologie des Glaubens

Glauben i. Allg. ist personales Beziehungsgeschehen, die Äußerungen einer Person in gewachsenem Vertrauen auf sie anzunehmen. Christlicher Glaube geht darüber hinaus: Er baut auf geoffenbarte Selbstkundgabe Gottes – gegenüber sich selbst oder glaubwürdigen Zeugen – und lässt den Menschen auf der Suche nach Heil nicht mehr los. In der neuen Existenz im Glauben entwickelt das Johannes-Evangelium eine dichte Theologie des Glaubens.[47]

Die beiden Schlussepiloge Joh 20,30-31 und 21,24-25 bekräftigen und bezeugen die vielen Zeichen, die Jesu vor den Augen seiner Jünger tat. Der Menschensohn wird daran final als Christus (Messias) und Sohn Gottes entschlüsselt. Äußere Zeichen können Glaube auslösen und auf dem spirituellen Weg der Glaubensvertiefung bestärken. Aber sie alleine führen nicht in einen erkenntnisfähigen, reifen, bleibenden Glauben an Gott. Dieser hebt sich vom „Wunder"-Glauben ab. Bei den Zeichen geht es um das Durchscheinen der Wirklichkeit Gottes in die Welt. Diese Wahrnehmung führt zur Erkenntnis des Gottessohnes und zum Gemeinschaftsverhältnis mit ihm – indem die unsichtbare Wirklichkeit durch innere Gotteserfahrung erkannt wird.[48] Alles im Evangelium läuft auf das soteriologische Ziel der Christologie aus Joh 3,15 (und Joh 3,16) hinaus: Jeder, der an Jesus Christus glaubt, hat in ihm ewiges Leben. Glaube wird in der verwandelnden personalen Begegnung mit Jesus im Wirken seines Geistes durch die Zeiten hindurch möglich. So ist das Nikodemus-Gespräch auf den

---

47 Vgl. Rahner/ Vorgrimler (1983): Kleines Theologisches Wörterbuch, hier: „Glauben", S. 149-155.
48 Vgl. Joh 12,37; Fußnote 6.

Glauben des Einzelnen ausgerichtet. Er muss beständig wachsen und reifen zu einer das Leben gestaltenden Gemeinschaft mit Gott.[49] So öffnet sich dem Gläubigen inmitten der Welt eine zweite unsichtbare Wirklichkeit. Glaube und spirituelle Erkenntnis durchdringen sich gegenseitig.

Um das Unsagbare über die Verwandlung im Herzen des Gläubigen im Jetzt der Glaubensentscheidung auszudrücken, verwendet Joh 3,1-21 neben Zeichen auch literarische Stilmittel wie Paradoxien, Metaphern bzw. Bildworten, Worte sowie Redewendungen mit doppelter Bedeutung, die missverständlich gehört werden können.[50] Gerade letztere haben als johanneische Missverständnisse eine zentrale Funktion, bei den Gesprächspartnern Jesus im Johannes-Evangelium wie bei Nikodemus. Nikodemus steht am Anfang des Glaubens. Er nimmt Zeichen wahr. Noch erkennt er darin aber Jesus nicht als Sohn Gottes, wie er auch seine Worte missversteht und ihren tieferen Sinn nicht versteht. Zeichen stellen wie die Worte Jesu vor die Glaubensentscheidung. Die zeichenkritische Haltung Jesu bezieht sich auf die, die beim äußeren Vorgang stehen bleiben, ohne berührt zu sein und ohne den Sprung in den Glauben zu tun.[51] Die Stilmittel fordern auch den Leser und Hörer unmittelbar zur Reflexion heraus. Sie weisen auf die zweite Wirklichkeitsebene, um diese mit irdischen Erfahrungen zu bezeichnen. Der zweite Sinn erschließt sich nur im Glauben. Die Unreife des Nikodemus im Glauben drückt sich im fehlenden Zugang dazu aus. Denn das Irdische will nicht irdisch, sondern wie ein Spiegel verstanden werden. So ist der Neugeburt tiefer Sinn

---

49 Vgl. Dietzfelbinger (2001): Das Evangelium nach Johannes 1, S. 53. Die Gemeinschaft mit Gott im gereiften Glauben findet in Joh 15,4 Ausdruck.
50 Culpepper nennt drei literarische Gattungen für doppelte Sinnebenen im Johannes Evangelium: Zeichen, Paradoxien und johanneische Missverständnisse. Zusätzlich sind hier Metaphern als weiteres Stilmittel für doppelte Bedeutungsebene betrachtet. Vgl. Culpepper (1983): Anatomy of the Fourth Gospel, S. 151.
51 Vgl. Fußnote 20.

verliehen, doch Nikodemus reagiert auf den wörtlichen Sinn, da sich ihm das Tiefere nicht enthüllt.[52] Jesus bietet weitere Erklärungen an, ohne über das Missverständnis aufzuklären.[53] So bleibt die Glaubensentscheidung weiter Nikodemus überantwortet. Wie auch dem Leser und Hörer. An diesen sind gerade die – z.T. ironisch anmutenden –Paradoxien in der Erzählung gerichtet. Diese lassen über Fragen stolpern, fordern zur Glaubensreflexion heraus und dazu, die Perspektive der Gläubigen einzunehmen:[54] Wie ist von Erhöhung in Joh 3,14 mitten in der Erniedrigung und Kreuzestod zu verstehen?[55] Wie kann da in Joh 3,13 von Hinaufsteigen in den Himmel und Verherrlichung die Rede sein?[56] Wie löst sich für mich die Grundparadoxie in Joh 3,1-21 auf, dass das Zum-Glauben-Kommen aus dem Nichtglauben heraus dem Menschen nicht möglich ist, der Mensch sich aber im freien Willen für den Glauben entscheiden soll?[57] Diese Lücke überwindet das Johannes-Evangelium durch das personale, aber unverfügbare Heilswirken Gottes. Den Ruf, auf den wir zählen können.

---

[52] Durch die Doppeldeutigkeit bilden sich sog. johanneische Missverständnisse ab. Joh 3,12 enthält einen hermeneutischen Schlüssel. Ohne eigene Glaubenserlebnisse kann der Mensch Glaubenszeugnisse nicht verstehen.

[53] Vgl. Culpepper, Alan R. (1983): Anatomy of the Fourth Gospel, Fortress Press, Minneapolis, S. 152; Porsch (2001): Johannes-Evangelium, S. 41-42. Ein Missverständnis wegen eines Mangels an Glauben kann durch weitere Belehrung über die Zeit beseitigt werden. Dem Ungläubigen aber bleibt der Sinn der Worte – und das Zeugnis eines Gläubigen – im Unverständnis verschlossen.

[54] Vgl. Culpepper (1983): Anatomy of the Fourth Gospel, S. 167.

[55] Die Moses-Schlange in Joh 3,14 dient der Entschlüsselung des Kreuzestod Jesu. Vgl. Fußnote 25.

[56] Das Hinaufsteigen des Menschensohns umfasst Erhöhung am Kreuz und Ostern. Vgl. Klaiber (2017): Das Johannesevangelium 1, S. 90. Jesus überbietet damit Propheten des AT wie Henoch, Moses und Elias, denen ihr Aufstieg zum Himmel aus sich selbst heraus nicht möglich war. Vgl. Dietzfelbinger (2001): Das Evangelium nach Johannes 1, S. 85. Das Hinaufsteigen von Jesus mündet in der Verherrlichung. Verherrlichung wird im AT mit dem Erhalt des Auferstehungsleibes gleichgesetzt. Vgl. Walter, Dietrich (2008): Gericht Gottes (AT), unter: https://www.bibelwissenschaft.de/wibilex/das-bibellexikon/lexikon/sachwort/anzeigen/details/gericht-gottes-at/ch/583339c9eca3ff76e0af150445046d76/, zuletzt abgerufen am 28.1.2019.

[57] Vgl. Kügler (2016): Johanneische Theologie, S. 32.

Doppelte Sinnebenen zur Abbildung der doppelten Wirklichkeitsebenen

Literarische Gattung	Funktion im Joh-Evangelium	Nikodemus-Beispiel
Zeichen	Bei den johanneischen Zeichen geht es um das Durchscheinen der Wirklichkeit Gottes in die Welt. Der johanneische Jesus vergegenwärtigt im Reden und Tun den unsichtbaren Gott. Er vollbringt vor den Augen der Menschen Taten, die den Gesetzen der Welt zuwiderlaufen. Da Wirken und Person Jesus daran identifiziert werden, werden die Taten zu Zeichen: Gläubige erkennen seine Vollmacht und sind im eigenen Sein berührt. Die anderen sehen „nur" einen charismatischen Wundertäter in ihm. Zeichen lassen sich als äußerer Hinweis auf das Wirken unsichtbarer (Wandlungs-) Prozesse entschlüsseln, die nur innerlich erfahrbar sind. Das Johannes-Evangelium ist mit solchen Zeichen durchzogen – vom ersten Zeichen der Wandlung von Wasser in Wein auf der Hochzeit von Kana bis zum letzten Zeichen, der Begegnung mit dem Auferstandenen. Das Johannes-Evangelium vollzieht dabei selbst eine Wandlung der Theologie: Von einer Religion, die die Sünde der Welt mit Wasser reinigt, zu einer, die durch das Blut Christi gereinigt ist.	Im Nikodemus-Dialog sind die übernatürlichen Zeichen, die Nikodemus in Jerusalem gesehen hat nicht explizit beschrieben. Doch wird im dreifachen Frage- und Antwort-Verlauf die Verstehens-Unfähigkeit Nikodemus immer offenbarer (vgl. Abb. 1). Joh 3,1-12 zeigt so auf, wie ein vom Fleisch determinierter Mensch im Horizont des Fleisches verhaftet bleibt, statt die Tiefendimension von Zeichen zu entschlüsseln und seinen Glauben zu vertiefen. Dies ist rahmendes Hauptanliegen von Joh 2,23-25; 3,1-2; 3,12.

Literarische Gattung	Funktion im Joh-Evangelium	Nikodemus-Beispiel
Paradoxie	Eine Paradoxie ist eine innerhalb des menschlichen Erfahrungsbereichs scheinbar widersprüchliche Aussage, die bei genauer Betrachtung zu größerer Erkenntnis führt. Etwa weil sie sich durch das Eingreifen Gottes auflöst. Das Johannes-Evangelium bezieht sich dabei auf das soteriologische Handeln Gottes.	Mitten in Erniedrigung und Kreuzestod Jesu vollziehen sich: • *Erhöhung* in Joh 3,14 • *Hinaufsteigen in den Himmel* in Joh 3,13 Der ehernen Schlange in Joh 3,14 wohnt die Paradoxie todbringendes Gifts/ rettendes Abbild inne. Grundparadoxie in Joh 3,1-21: • Zum-Glauben-Kommen vor dem Hintergrund der freien Glaubensentscheidung
Johanneische Missverständnisse	Worte und Redewendungen mit doppelter Bedeutung sind im griechischen Originaltext des Johannesevangeliums ein häufiges literarisches Mittel. Sie sollen die Verständnislosigkeit der nicht an ihn glaubenden Hörer für das innere Geschehen bei allen Offenbarungen Jesu zeigen.	Im „Nikodemus Missverständnis" in Joh 3,4-8: • *anôthen* – Geburt von oben bzw. von neuem/ wieder. • *pneuma* – Geist bzw. Wind/ Sturm. Zur Eschatologie in Joh 3,17-19: • *krisis* – (Ent-)Scheidung bzw. Gericht.
Metaphern	Auch werden häufig Bildworte/ Metaphern genutzt. Das ganze Evangelium beginnt mit einem Bildwort: dem Logos. Im natürlichen Bedeutungszusammenhang wird in Analogie mit irdischen Worten umschrieben, was eigentlich auf der zweiten Sinnebene gemeint ist und nur dort erfahren werden kann. Die innere Heilswirkung zeigt sich in der Welt in Worten und Taten. Gleichnisse wie bei den Synoptikern kennt das Johannes-Evangelium hingegen nicht.[58]	Sie deuten das Unsagbare an: • *Licht und Finsternis* in Joh 3,19-21 – Christus als das Licht der Welt (vgl. Joh 8,12). • *Wehen des Windes* in Joh 3,8 – ist so unverfügbar wie das Wirken des Geistes. • *Moses-Schlange* in Joh 3,14 – zum Entschlüsseln des Kreuzestod Jesu.

Abb. 7: Literarische Mittel für doppelte Sinnebenen im Joh-Evangelium

---

58 Vgl. Gnilka (1983): Johannesevangelium, S. 27.

2.4. Determinierung der Eschatologie –
Johanneisches radikal präsentisches Gericht

Das Nikodemus-Gespräch enthüllt eine präsentische Glaubens-Eschatologie, die in der Bibel in ihrer Radikalität so einzigartig ist. Mit Joh 3,16-17 überträgt das Johannes-Evangelium die traditionellen Elemente der Endzeit-Erwartung – Teilhabe am ewigen Leben und Rettung aus dem Gericht – auf die Erlösung durch den Glauben an Jesus als den von Gott gesandten Christus.[59] Nur so ist Heil zu erlangen. Der Mensch ist angerufen, sich zu positionieren. Sein Glaube – sein Ja oder Nein zu Gott – wird ernst genommen. Das Wunder der Endzeit findet im Hier und Jetzt statt, wenn ein Mensch zum Glauben kommt und zu neuem Leben auferweckt wird.[60]

---

[59] Eschatologie ist die Lehre von der Hoffnung auf Vollendung, von den letzten Dingen. Sie ist ein für den freien Menschen notwendiger Vorblick auf seine endgültige Vollendung. Vgl. Rahner/ Vorgrimler (1983): Kleines Theologisches Wörterbuch, hier: „Eschatologie", S. 116. Vom AT zum NT hat sich dabei allmählich das reine Endgericht der Lebenden und der Toten, um die Heilsperspektive der Vollendung des Menschen in seiner Einmaligkeit als Einheit von Leib und Seele entwickelt. Vollendung meint Wiedereingehen im Auferstehungsleib in die präexistente Herrlichkeit Gottes, das Sein in Ewigkeit. Vgl. Faber, Eva-Maria (2014): Die Hoffnung auf Vollendung, Grundkurs Theologie, LB 15, Theologie im Fernkurs Domschule Würzburg, S. 42. Dem gehen die geistliche und leibliche Auferstehung Jesu und Himmelfahrt voraus, die das Johannes-Evangelium nicht trennt. Vgl. Conzelmann, Hans (1987): Grundriß der Theologie des Neuen Testaments, UTB, Tübingen, 4. Aufl., S. 49.

In der theologischen Tradition wird eschatologisch ein Zwischenzustand/-ort angenommen: zwischen geistlicher Auferstehung (individuelles Gericht nach dem Tod) und leiblicher Auferstehung (universales Gericht am Jüngsten Tag am Ende der Geschichte). Der Mensch kommt nach dem individuellen Gericht in das Paradies/ den Hades. Im Endgericht geschieht dann die Scheidung in ewige Glückseligkeit und ewige Verdammnis. Es lässt sich - mit Christus als Richter – heilswirksam als Begegnung mit dem Wesen der Liebe als Vollendung/ Parusie sehen. Denn zum Menschsein gehört die universale Verbindung mit der ganzen Schöpfung, die Einheit in ewiger Gemeinschaft mit Gott. Vgl. Rahner/ Vorgrimler (1983): Kleines Theologisches Wörterbuch, hier: „Gericht", S. 142, „Auferstehung des Fleisches", S. 41, „Zwischenzustand", S. 455, „Parusie", S. 320-321; Faber (2014): Die Hoffnung auf Vollendung, S. 48-49.

[60] Vgl. Porsch (2001): Johannes-Evangelium, S. 36. Das ewige Leben wird jetzt geschenkt, das Gericht findet jetzt statt. Das Gericht am Ende der Zeit bestätigt diese Entscheidung. Der Gläubige lebt bereits in der neuen Wirklichkeit des Vaters, die sich aber noch vollenden muss. Vgl. Joh 14,23. Die irdische Gemeinschaft mit Christus soll eine Zukunft besitzen.

In Joh 3,18-21 ist die johanneische, präsentische Erlösungs- und Gerichtslehre in aller Kürze skizziert: Eschatologisches Heil (ewiges Leben mit Gott) und Unheil (Tod der Existenz) vollziehen sich in der freien inneren Glaubensentscheidung nicht erst am Ende der Zeit. Das ist faktisch Gericht, auch wenn der Menschensohn zum Retten und – entgegen der jüdischen und synoptischen Tradition des kommenden Menschensohns – nicht zum apokalyptischen Gericht gesandt wurde.[61] Dahinter befindet sich als Grundprinzip der johanneischen Erlösung die Wandlung. So ist das johanneische Gericht im Horizont des unbedingt liebenden Gottes eher als ein heilsamer kontinuierlich fortlaufender Wandlungsprozess, denn als ein statisches persönliches Strafgericht zu betrachten.[62]

---

[61] Vgl. Gnilka (1983): Johannesevangelium, S. 26; Wilckens, Ulrich (1998): Das Evangelium nach Johannes, S. 71; Fußnote 30. Apokalyptische Eschatologie wird präsentisch zum Gericht der Gegenwart umgedeutet, Endgericht und Auferstehung der Toten werden in die Gegenwart der Glaubensbegegnung hineingeholt. Vgl. Kügler (2016): Johanneische Theologie, S. 37. Das Urteil, das im Jetzt auf der Grundlage des tiefen Glaubens gesprochen wird, nimmt zutreffend das Urteil vorweg, das im Jüngsten Gericht auf der Grundlage des gesamten Lebens gefällt wird.

Joh 3,19 fehlt gegenüber der synoptischen Rede vom wiederkommenden und richtenden Menschensohn das apokalyptische Element (vgl. Mk 13,26-27, Mt 25,31-34, Lk 21,25-28). Vgl. Dietzfelbinger (2001): Das Evangelium nach Johannes 1, S. 88.

[62] Vgl. Fußnote 30. Die Gläubigen haben Ursprung und Ziel in Gott. Menschen werden nicht durch Strafen einsichtig und geläutert. Wenn sie selbst die Bedürfnisse anderer nicht mehr verletzen wollen, dann geschieht Veränderung. Das ist der Weg der Liebe. Die Ungläubigen müssen nicht vernichtet werden, die Strafe des Unglaubens liegt in ihm selbst. Das Leid der Welt kommt nicht von Gott, sondern aus ihr selbst – etwa durch Selbstbezogenheit, Lieblosigkeit, Schädigung von Personalsein und Beziehung, falsches Maß, Sich-selbst-zum-Maß-von-Allem-Machen.

3. Brisanz hinter dem Begriff der Neugeburt

Man kann fragen, welche Intention der endredaktionelle Zusatz[63] Joh 3,19-21 als erklärende Exegese der präsentischen Gegenwartseschatologie in Joh 3,18 verfolgte. Einzige Bedingung für das Heil und Fokus des ganzes Johannes-Evangeliums ist die Neugeburt zur neuen Existenz durch das Zum-Glauben-Kommen an Jesus als den Christus in seiner göttlichen Natur. Ein für Juden immer wieder strittiges Thema, das letztlich zum Synagogen-Ausschluss der johanneischen Gemeinde führte und daher ein solches identitätsstiftendes Gewicht im Johannes-Evangelium hat. Die johanneische Soteriologie ist eine Glaubenstheologie, in der nicht Gesetzeserfüllung und Kult, sondern einzig der Glaube an Jesus der Weg zum Heil ist. Der Mensch wird neugeboren durch den am Kreuz erhöhten Sohn Gottes, an dessen Person der die Neugeburt bewirkende und von ihm gespendete Geist gebunden ist. Glaube ist im Johannes-Evangelium einzige Bedingung des Heils, das bereits im irdischen Dasein beginnt. Den Glauben als freie Entscheidung des Menschen zu sehen, die lediglich durch das Christusgeschehen ausgelöst worden ist, greift jedoch zu kurz. Die Neugeburt aus dem Geist, das Zum-Glauben-Kommen, kann nicht durch menschliche Willensanstrengung geschehen. So kann die Neugeburt nur als Geschenk in der Offenheit für die Gegenwart Gottes in Jesus von Nazareth und seinem ausgegossenen Geist angenommen werden. In der Annahme der Liebe Gottes im Glauben liegt die Freiheit des Menschen.

---

63 Zum mehrstufigen Entstehungsprozess des Joh, aus dem sich die zwei Schlüsse Erst- und Endredaktion ergeben vgl. auch Fußnote 3.

Die johanneische Erstfassung[64] betont die Gegenwart des Heils nur aus dem durch die Neugeburt erlangten Glauben. Der Mensch muss sich nur von Gott erfassen lassen. Schon Augustinus sah mit Blick auf die Gnosis[65] im Glauben als einzige vom Menschen geforderte Voraussetzung theologisch eine Brisanz: Wieso tut ein Mensch die Wahrheit, wenn es auf seine Taten gar nicht ankommt? Wenn – radikaler vergeistigt – irdische Wirklichkeiten und der leibliche Tod belanglos werden?[66]

Eine Tendenz zu zunehmender Vergeistlichung könnte zu Problemen in der johanneischen Gemeinde geführt und einen wieder stärkeren Fokus auf die leiblichen Bedürfnisse und Realitäten des Menschen gefordert haben. Die Endredaktion des Johannes-Evangeliums sei von der Skepsis gegenüber einem oberflächlichen Glauben geprägt. Ihr Ziel war wohl nicht, mit futuristisch-apokalyptischer Eschatologie, Menschen durch Angst und Schrecken für gutes Benehmen zu gewinnen.[67] Mit der Stärkung der irdischen Werke in Verbindung mit dem Doppelgebot der Liebe – durch den Hinweis, dass die Glaubensentscheidung sich im konkreten Tun der Menschen zeigt – wollte sie vermutlich die christliche Solidarität und Sozialstrukturen in der Gemeinde wahren und so ein oberflächliches Glaubensbekenntnis in der Gemeinde entgegen wirken.[68]

---

64 Ein Übersichtsbild zur wahrscheinlichen Entwicklung des Johannes-Evangeliums über einen längeren Entstehungszeitraum bis zu seiner Finalisierung findet sich bei Kügler (2016): Johanneische Theologie, S. 38; Fußnote 59.
65 Zur Abgrenzung des Johannes-Evangeliums von der späteren Gnosis siehe Kapitel 2.2.
66 Vgl. Gnilka (1983): Johannesevangelium, S. 30; Kügler (2016): Johanneische Theologie, S. 37.
67 Vgl. Kügler (2016): Johanneische Theologie, S. 34, 38.
68 Vgl. Kügler (2016): Johanneische Theologie, S. 12.

Es ist Verdienst der Endredaktion aufzuzeigen, welche praktische Konsequenz die doppelte Existenz des Gläubigen hat: Er tut im Glauben in Wort und Tat die Wahrheit, indem er in der Nachfolge Christi in tätiger Liebe nach dem Willen Gottes handelt.[69] Glaube endet so weder beim oberflächlichen Bekenntnis noch in spiritueller Entweltlichung. Glaube ist mehr als Vertrauen, Hoffnung und Fürwahrhalten. Glaube macht den Menschen bereit, im Hier und Jetzt in Wort und Tat den Willen Gottes zu bekennen. In das ewige Leben hinein geboren zu werden, in die Gemeinschaft mit Gott, ist Ausdruck davon, dass etwas Verwandelndes im Herzen des Menschen geschieht und Glaubende eine neue Existenz geschenkt bekommen.[70] Der Glaube bestimmt Sein, Wesen und Handeln. Der Glaubende lässt sich von Gott lenken. So führt der Glaube in der Nachfolge Jesu in die Gemeinschaft, die Beziehung, mit Gott. Für Glaubende wird so ewiges Leben bereits hier und jetzt erlebbar.

Die Endredaktion hebt die präsentische Eschatologie mit dieser Herausstellung nicht auf. Sie ergänzt nur einen Zukunftsaspekt der Erlösung – das Endgericht – und intendiert so auch indirekt die endzeitliche Auferstehung.[71] Durch indirekte Andeutung der leiblichen Auferstehung – in Hinaufsteigen und Erhöhung Jesu – rückt die Endredaktion die Würde der menschlichen Existenz in ihrer einmaligen Einheit aus Leib und Seele ins Licht.

---

[69] Joh 3,19-21 erinnert – losgelöst von Joh 3,13-18 – an ein Gericht nach den Werken. Die Zugehörigkeit zu Christus könnte daran bemessen werden, ob ein Mensch gute oder böse Werke getan hat. Vgl. Kügler (2016): Johanneische Theologie, S. 31. Im Kontext wird aber deutlich, dass Glaube an sich wesenhaft mit dem Tun der Wahrheit und dem Unterlassen des Bösen einhergeht.

[70] Sich in der neuen Existenz des Glaubens in Jesus Geschick hineinnehmen und vom Geist der Liebe erfüllen zu lassen, macht das Leben von Grund auf neu. Vgl. Klaiber (2017): Das Johannesevangelium 1, S. 97.

[71] Vgl. auch Joh 6,39-47 und 6,54. Weil eine Trennung von Gott immer eine Geschichte des Leidens ist, bedarf es eines von Gott herbeigeführten Endes, eines Endgerichtes, in dem Gott Gerechtigkeit und Liebe wiederaufrichtet. Vgl. Faber (2014): Die Hoffnung auf Vollendung, S. 37.

Auferstehung und Neugeburt im christlichen Glauben erweisen sich so als diametrales Gegenteil von Konzepten der Wiedergeburt und Reinkarnation in asiatischen Religionen, esoterischen Lehren und der sog. Neuen Spiritualität, die in Kategorien von Verdammnis zur Wiedergeburt zum einen oder von Chance auf ein neues, ganz anderes Leben zum anderen konzipiert sind.

C. Schlussbetrachtung

Die Jesus-Reden des Johannes-Evangeliums haben schon immer einen Zauber auf die Hörenden ausgeübt. Ihre Faszination ergibt sich aus ihrer feinsinnigen Komposition und der zirkulär vertiefenden Intensivierung von Grundgedanken, die zu meditativer Innenschau führen möchten. Das Nikodemus-Gespräch beinhaltet dabei eine kunstvoll verdichtete Kurzfassung der johanneischen Theologie. Schlüsselworte des Johannes-Evangeliums wie Logos, Glaube und Neugeburt werden behandelt und liefern vielfältige Impulse, die antike Denkgewohnheiten revolutionierten:[72] Es ist die Heils-Botschaft der Gemeinschaft und Liebe Gottes, die die johanneische Soteriologie radikal bis in die Eschatologie hinein bestimmt.

Daneben deutet sich im Nikodemus-Dialog in den leisen Tönen ein kontemplativer Erkenntnisweg im Glauben an. Die auf den ersten Blick unscheinbare, in ihrem pharisäischen Welt- und Gottesbild gefangene Figur des Nikodemus weist Lebensnähe und Identifikationspotenzial für den gottsuchenden Menschen auf. Irgendwie hat er sich von Jesus und seinen Zeichentaten berühren lassen und kommt mit ernsthaftem Anliegen zu Jesus. Jesus antwortet dem suchenden Menschen. Vielleicht nicht, was Nikodemus hören will, aber doch um ihm Anteil am Heil zu schenken und Gotteserkenntnis zu vertiefen. Die stellenweise schroffe Belehrung Jesu darf nicht darüber hinwegtäuschen, dass Jesus Nikodemus so annimmt, wie er in seiner weltlichen Existenz ist. Wie Gott jeden so annimmt, wie er ist, und aus dem Leben etwas zum Lob seiner Gnade macht, begründet ja gerade die Geburt zu neuem Leben in der doppelten Existenz der Gläubigen. Nikodemus ist kein Ungläubiger. Doch trotz aller Frömmigkeit, Höflichkeit und tatkräftig

---

72 Vgl. Porsch (2001): Johannes-Evangelium, S. 39.

bemühter Erkenntnissuche, trotz theologischer Bildung und Gelehrtentum steht Nikodemus sich jedoch selbst im Weg, ist in sich selbst verhaftet. Ihm gelingt der Sprung in Vertrauen und Glauben noch nicht. Um aus dem Geist neu geboren zu werden, muss er seinen Verstand nicht abgeben. Doch er braucht die entschiedene Öffnung für die Gegenwart Gottes, um Gottes Liebe und seinen Willen zu empfangen. Dass es Jahre dauern kann, bis ein Mensch seine Missverständnisse entdeckt und ganz auf Gott vertraut, macht die Figur des Nikodemus menschlich so liebenswert sympathisch.

Um zu tiefem Glauben zu kommen, bedarf es der Erfahrung und der Reflexion des Glaubens, spiritueller Erkenntnis und des Bekenntnisses in Wort und Tat. Christen haben dafür eine reiche Fülle an Ursprungserzählungen göttlicher Offenbarung und historisch realer Begebenheiten an der Hand, in denen Jesus als der *sotér*, der Retter, aufscheint. Die existenzielle Sehnsucht des Menschen nach ewigem Leben, nach ewiger Geborgenheit in Gottes Liebe, kann so in der Erfahrung des Geistes Gottes schon hier und jetzt Erfüllung finden.

Literaturverzeichnis

- Conzelmann, Hans (1987): Grundriß der Theologie des Neuen Testaments, UTB, Tübingen, 4. Aufl.
- Culpepper, Alan R. (1983): Anatomy of the Fourth Gospel, Fortress Press, Minneapolis.
- Dietzfelbinger, Christian (2001): Das Evangelium nach Johannes, Teilband 1: Johannes 1-12, Zürcher Bibelkommentare, Theologischer Verlag, Zürich.
- Ernst, Stephan (2016): Theologie im Mittelalter, Aufbaukurs Theologie, LB 7, Theologie im Fernkurs Domschule Würzburg.
- Faber, Eva-Maria (2014): Die Hoffnung auf Vollendung, Grundkurs Theologie, LB 15, Theologie im Fernkurs Domschule Würzburg.
- Garsky, Albrecht (2018): Konzeption des Johannesevangeliums, unveröffentlichtes Unterrichtsmaterial von Theologie im Fernkurs, Würzburg.
- Gnilka, Joachim (1983): Johannesevangelium, Die neue Echter-Bibel: Kommentar zum Neuen Testament mit d. Einheitsübersetzung, Langfassung 1, Echter Verlag, Würzburg.
- Klaiber, Walter (2017): Das Johannesevangelium, Teilband 1, Joh 1,1-10,42, Die Botschaft des Neuen Testaments, Vandenhoeck & Ruprecht, Göttingen.
- Kügler, Joachim (2016): Johanneische Theologie, Aufbaukurs Theologie, LB 5, Theologie im Fernkurs Domschule Würzburg.
- Lohfink, Gerhard (2005): Der letzte Tag Jesu, Was bei der Passion wirklich geschah, Verlag Katholisches Bibelwerk, Stuttgart.
- Merkt, Andreas (2016): Theologie in frühchristlicher und spätantiker Zeit, Aufbaukurs Theologie, LB 6, Theologie im Fernkurs Domschule Würzburg.

- Porsch, Felix (2001): Johannes-Evangelium, Stuttgarter Kleiner Kommentar: Neues Testament, 4, Verlag Katholisches Bibelwerk, Stuttgart, 5. Aufl.
- Rahner, Karl/ Vorgrimler, Herbert (1983): Kleines Theologisches Wörterbuch, Verlag Herder, Freiburg, Basel, Wien, 14. Aufl.
- Ratzinger, Josef Benedikt XVI. (2011): Jesus von Nazareth: Band II: Vom Einzug in Jerusalem bis zur Auferstehung, Herder, Freiburg, S. 185-188.
- Schäfer, Joachim (2019): Nikodemus, in: Ökumenisches Heiligenlexikon, unter: https://www.heiligenlexikon.de/BiographienN/Nikodemus.html, zuletzt abgerufen am 28.1.2019.
- Schnackenburg, Rudolf (1979): Das Johannesevangelium, Erster Teil, Kapitel 1-4, Herders Theologischer Kommentar zum Neuen Testament, Herder, Freiburg, Basel, Wien, 4. Aufl.
- Söding, Thomas (2010): Im Anfang war das Wort, Das Johannesevangelium, Skriptum der Vorlesung im Sommersemester 2010, unter: http://www.kath.ruhr-uni-bochum.de/imperia/md/content/nt/nt/aktuellevorlesungen/vorlesungsskriptedownload/ss2010/skript_johannesevangelium_ss_2010.pdf, zuletzt abgerufen am 28.1.2019.
- Walter, Dietrich (2008): Gericht Gottes (AT), unter: https://www.bibelwissenschaft.de/wibilex/das-bibellexikon/lexikon/sachwort/anzeigen/details/gericht-gottes-at/ch/583339c9eca3ff76e0af150445046d76/, zuletzt abgerufen am 28.1.2019.
- Wilckens, Ulrich (1998): Das Evangelium nach Johannes, Neues Testament Deutsch 4, Vandenhoeck & Ruprecht, Göttingen, 17. Aufl.

Abbildungsverzeichnis

Abb. 1: Erkenntnissuche des Nikodemus bei
         Jesus –
         Frage-Antwort-Struktur von Joh 3,1-12 18

Abb. 2: Perspektivwechsel auf das Heil durch
         den Menschensohn 19

Abb. 3: Kerygmatische Rede des johanneischen
         Jesus 22

Abb. 4: Endredaktioneller Zusatz – Betonung
         der Taten 24

Abb. 5: Johannes-Prolog und Parallelstellen im
         Nikodemus-Gespräch 28

Abb. 6: Johanneische Theologie im Nikodemus-
         Gespräch 30

Abb. 7: Literarische Mittel für doppelte
         Sinnebenen im Joh-Evangelium 39

Abkürzungsverzeichnis

- a.a.O.   am angegebenen Ort
- Abb.   Abbildung
- AT   Altes Testament
- Aufl.   Auflage
- bzw.   beziehungsweise
- ca.   circa
- d. h.   das heißt
- etc.   et cetera
- Ez   Ezechiel bzw. Hesekiel, Buch des jüdischen Tanach und christlichen Alten Testaments, zitiert nach der Einheitsübersetzung 2016
- Gal   Der Brief des Paulus an die Galater, zitiert nach der Einheitsübersetzung 2016
- Gen   Genesis bzw. 1. Buch Moses, zitiert nach der Einheitsübersetzung 2016
- i. Allg.   im Allgemeinen
- inkl.   inklusive
- Joh   Johannes-Evangelium, zitiert nach der Einheitsübersetzung 2016
- joh.   johanneisch
- Koh   Buch Kohelet bzw. Prediger (Salomo), zitiert nach der Einheitsübersetzung 2016
- 1 Kor   1. Brief des Paulus an die Korinther, zitiert nach der Einheitsübersetzung 2016
- LB   Lehrbrief
- Lk   Lukas-Evangelium, zitiert nach der Einheitsübersetzung 2016
- Mk   Markus-Evangelium, zitiert nach der Einheitsübersetzung 2016

- Mt	Matthäus-Evangelium, zitiert nach der Einheitsübersetzung 2016
- n. Chr.	nach Christus
- NT	Neues Testament
- Num	Numeri bzw. 4. Buch Moses, zitiert nach der Einheitsübersetzung 2016
- Röm	Der Brief des Paulus an die Römer, zitiert nach der Einheitsübersetzung 2016
- S.	Seite
- sog.	sogenannte
- Spr	Buch der Sprichwörter bzw. Buch der Sprüche Salomos, zitiert nach der Einheitsübersetzung 2016
- v. a.	vor allem
- vgl.	vergleiche
- vs.	versus
- z. B.	zum Beispiel
- z. T.	zum Teil

Stichwortverzeichnis

Abgrenzung christliche Identität
  Asiatische Religionen 45
  Esoterik 45
  Gnosis 29, 33, 43
  Islam 26
  Judentum 26
  Neue Spiritualität 45

Auferstehung
  Auferstehung der Toten 41
  Auferstehung Jesu .. 26, 31, 40
  Erscheinungen des Herrn ... 12
  Geistliche A. der Gläubigen
  .... 32, 40
  Himmelfahrt Jesu 40
  Leibliche A. der Gläubigen
  .... 32, 40
  Vollendung/ Parusie 40
  Zwischenzustand 40

Doppelte Sinnebenen
  Joh. Missverständnisse 36
  – anôthen 39
  – *krisis* 23, 39, 40
  – pneuma 39
  Metapher 36
  – Eherne Schlange . 20, 37, 39
  – Licht 23, 27, 39
  – Wind 15, 39
  Paradoxie 36
  – *Erhöhung* 39
  – Zum-Glauben-Kommen
  .... 31, 37, 39
  Zeichen 12, 13, 20, 36, 38
  – Auferstehung Jesu 12

Dualismen
  Ellipse 31
  Entscheidungs-Dualismus . 33
  Fleisch/ Geist-Dualismus ... 29
  Licht/ Finsternis-Dualismus 29
  Zeit/ Ewigkeit-Dualismus .. 25

Geistliches Evangelium
  Clemens von Alexandrien 9
  Entwelt-/ Vergeistlichung
  .... 34, 43, 44
  Joh. Passionsankündigung . 20
  Johannes-Prolog 25, 27, 28

Gericht
  Apokalypse 41
  Endgericht/ Jüngstes
  Gericht 40
  Individuelles Gericht 40
  Präsentisches Gericht 41
  Universales Gericht 40
  Weltgericht 22

Glaube
  Bekenntnis in Wort und Tat 44
  Beziehungsgeschehen 35
  Erkenntnisweg 12, 34
  Glaubensgespräche 10
  Gotteskind 10
  Jetzt 22, 27, 31, 40
  Kerygma/ Glaubensinhalt .. 16
  Mysterium des Glaubens ... 15
  Neugeburt 42
  Öffnung 15
  Zeugnis 13, 15

Heil
- Ewiges Leben 13, 21, 22
- Gemeinschaft mit Gott
  .... 22, 23, 31
- Reich Gottes 13

Heilsgeschehen
- Ausgießen des Geistes ....
  .... 14, 29, 31
- Erhöhung 20
- Göttlicher Ratsschluss 21
- Hinabsteigen 33
- Hinaufsteigen 37
- Hingabe des Sohnes 25, 33
- Sendung des Sohnes 31
- Verherrlichung 14, 37
- Vollendung 40

Logos
- Fleischgewordener Logos .. 28
- Präexistenter Logos 25, 32
- Weisheits-Logos-Theologie
  .... 25, 27

Messias
- Christus 35
- Eschatologische
  Heilsgestalt 20
- Richtergestalt im AT 21

Naturen
- Doppelte Existenz
  - Gläubiger 20, 26
  - Mensch 26, 33
  - Sohn Gottes 25
  - Verführung 20

Person
- Hypostase 26
- Nikodemus 12, 36, 47

Symbol
- Herz, warm/ kalt 15
- Kreuz 26
- Tag und Nacht 23
- Wasser 14

Theologie
- Anthropologie 25
- Christliche Theologie 9
- Christologie 25, 32
- Eschatologie 25
- Glaubenstheologie 35
- Gotteslehre 25
- Soteriologie 13, 25

Verfasser
- Endredaktion 9, 23
- Entstehungsmodell 9
- Johanneische Schule 9

Lies das Evangelium jeden Tag
und lebe davon so viel, wie du verstanden hast.
Und sei es auch noch so wenig.

Frère Roger Schutz (1915-2005), Gründer von Taizé.